ALEXANDRE KONCCE

POR QUE JESUS NÃO VOLTARÁ

E A ORIGEM DE DEUS

Texto conforme regras do Novo Acordo Ortográfico da Língua Portuguesa

1ª edição

Dados Internacionais de Catalogação na Publicação (CIP)
(Câmara Brasileira do Livro, SP, Brasil)

Koncce, Alexandre
    Por que Jesus não voltará : e a origem de Deus /
Alexandre Koncce. -- 1. ed. -- Manaus, AM : Ed.
do Autor, 2023.

    Bibliografia.
    ISBN 978-65-00-82490-2

    1. Deus (Cristianismo) 2. Deus - Existência
3. Jesus Cristo 4. Religião e filosofia I. Título.

23-175445   CDD-212.1

Índices para catálogo sistemático:

1. Existência de Deus : Filosofia da religião   212.1

Tábata Alves da Silva - Bibliotecária - CRB-8/9253

E-mail: alexandrekoncce@gmail.com

À minha família e a todos que não se conformam em apenas crer.

Aos meus filhos pela revisão do texto final. À minha esposa Dheime e ao amigo Wescley, incentivadores deste novo desafio. Aos plagiadores, motivadores desta publicação em forma de livro. E a todos que teceram seus comentários quer contra quer a favor, em especial ao caro amigo Warlei Alves, quando esta composição era apenas um protótipo na web.

Em respeito aos escritores – que têm partes de suas publicações copiadas sem referência ao autor – e aos caros leitores, esta obra não foi produzida por IA, mas por meio de razão, sentimentos, consciência e experiências de vida.

SUMÁRIO

PREFÁCIO

Questionado pelos discípulos sobre quando ocorreria a parúsia, Jesus admite não saber nem o dia nem a hora, no entanto fixou um período limite para o seu cumprimento. Uma análise atenta de suas palavras, à luz de outros textos bíblicos e acontecimentos históricos, revela que tal período há muito expirou. Longe de ser uma estratégia divina para salvar o máximo de pessoas, os quase dois mil anos de espera não passaram de uma aposta perdida. Teólogos e pregadores preferem evitar esse assunto por remeter a questões ainda mais sensíveis: se Jesus falhou em sua previsão, ele realmente era divino? Se não era, o Deus que o enviara existe de fato?

Uma vez que a divindade permeia todas as esferas da vida humana, respostas a essas questões demandam uma investigação multidisciplinar. Para tanto, esta obra aborda temas que envolvem os conhecimentos histórico, religioso, filosófico e científico, como: a natureza da verdade; o desenvolvimento do pensamento humano; a aposta de Pascal; o paradoxo de Epicuro; o argumento da ignorância; a estrutura do Universo e sua origem; a teoria da evolução; vida extraterrestre; o arrebatamento da igreja; a grande tribulação; a natureza dos milagres e das profecias; a prática do dízimo; o homossexualismo bíblico; a violência contra a infância; os equívocos de Jesus; e a origem de Deus; entre assuntos diversos, mas não menos importantes.

Através de questionamentos e reflexões sinceras, o caro leitor será levado a uma ampla visão heterodoxa, não somente acerca da volta de Jesus e de sua divindade, mas também sobre a origem daquele que o enviou.

Alexandre Koncce

PARTE I – ONDE TUDO COMEÇA

A maior mentira é a verdade absoluta.

Alexandre Koncce

– 1 –

Segundo Leibniz, proeminente filósofo e matemático alemão do século XVII, existem duas formas para a verdade: a "verdade de razão" e a "verdade de fato". A verdade de razão é lógica e universal, não depende de experiências concretas, por exemplo: "o círculo é redondo" e "dois mais dois são quatro". A verdade de fato é baseada na experiência vivida e pode ser contestada por ser subjetiva, por exemplo: "o Homem visitou a Lua" e "a religião certa é o xintoísmo". As linhas seguintes se referem à verdade de fato e à realidade.

A VERDADE E A REALIDADE

Embora para quase totalidade das pessoas verdade e realidade sejam a mesma coisa, não o são. Enquanto a realidade é o objeto, a verdade são as informações sobre tal objeto codificadas e armazenadas na mente. Por ser apenas uma imagem da realidade, a verdade pode ser distorcida e, quanto mais distorcida, mais longe da realidade estará. Como a imaginação e a verdade são armazenadas de forma similar na mente humana – através de ligações neurais – não é difícil a confusão entre ilusão e realidade por parte das crianças e de adultos que não exigem evidências.

A verdade é dependente dos métodos de avaliação do observador e, principalmente, da herança cultural. Como as verdades são fundamentais para a sobrevivência na complexa sociedade humana, os pais ou responsáveis, a fim de dar competitividade à sua linhagem ou a seus protegidos, transmitem um pacote de verdades práticas ao novo indivíduo ao longo da vida. Estas verdades são tão bem aceitas pela sociedade e ensinadas sutilmente ao jovem cidadão, que este tem a sensação de naturalidade mesmo quando a verdade está fora da realidade.

A maioria das pessoas nunca questionará as verdades sociais no decorrer da vida porque a própria sociedade impõe condições (prêmios e punições) para fazer valer suas verdades. Carregamos uma falsa, porém, potente impressão da verdade como a imagem perfeita da realidade, senão como a própria realidade.

Verdades podem ser equívocos, os quais são encontrados em todos os setores da vida humana em maior ou menor grau. Basta fazer uma breve análise das crenças religiosas para se detectar alguns desses equívocos. No hinduísmo, por exemplo, há milhares de divindades. No islamismo há apenas uma divindade, Alá. No cristianismo a divindade também é *una*, mas formada por três pessoas: a Santíssima Trindade. Observe a evidente divergência. Se há três versões para o divino cuja coexistência não é possível, pelo menos duas versões são inválidas. Mas nenhum representante das três religiões é capaz de admitir equívocos, pelo contrário, defenderá sua fé como a única correta. Mesmo que certamente duas versões sejam inválidas, não há garantias de que a terceira seja válida simplesmente por discordar das demais. Buda, Jesus, Krishina, Maomé e tantos outros fundadores de religiões, revelaram verdades belas e cativantes, mas estariam de fato coerentes com a realidade? Somente aqueles sem compromisso emocional com essas religiões podem responder adequadamente.

Desde tempos remotos o Homem tem confiado sua vida à fé como se fosse um sexto sentido, uma doação divina, capaz de revelar verdades transcendentais e absolutas. Ao se verificar textos bíblicos como Romanos 14.23 e Hebreus 11.1, se constata que a fé religiosa é basicamente um sentimento de certeza que não exige provas. Os sentimentos são bons e importantes, inclusive a tristeza e o medo, entretanto o senso comum recomenda mantê-los sob o controle da razão para se minimizar enganos. Mas, quando se pratica a fé religiosa, a razão acaba sendo subjugada pelos sentimentos e emoções. Nessa condição, a razão atua somente na concretização de tarefas, ficando impedida de orientar decisões embasadas em fatos e evidências. Pode-se constatar, na prática, que explicações baseadas na fé resultam em múltiplas e até antagônicas definições para uma mesma coisa, como no caso das versões de Deus. A certeza não é garantia de sonho realizado e não poucos são traídos por ela.

A origem da palavra realidade vem do latim *res*[1.1], cujos principais significados são "bens", "coisa", "objeto" e "prova", ou seja, a realidade é tudo aquilo que estimula um ou mais dos cinco sentidos. É indiferente aos caprichos humanos, se impõe pela força e elimina os seres vivos que não se adaptam a ela. As verdades religiosas como castigo eterno, inferno e deuses se confundem com a realidade porque seus disseminadores também se utilizam da força, quando não física, psicológica.

Os sentimentos e emoções, quando se impõem sobre a percepção sensorial, distorcem a verdade. Exemplificando: "duas mães recebem ligações telefônicas de supostos sequestradores que alegam fazer seus filhos reféns. É possível ouvir, ao fundo, alguém chorando e pedindo ajuda. A primeira entra em desespero e, julgando que a voz em segundo plano é de seu filho, de imediato faz transferências bancárias conforme exigência dos supostos sequestradores. A segunda, embora apreensiva, procura evidências através de informações mais precisas sobre a localização do filho e analisa se a voz ao fundo é compatível com a dele, o que lhe revela um golpe comum nos dias de hoje". A certeza da primeira lhe fez submeter-se ao medo, enquanto a dúvida da segunda lhe permitiu vencê-lo.

A certeza em si não é o problema, mas os meios para se chegar a ela. Mais cedo ou mais tarde todos precisam ter certeza. Contudo o caminho da dúvida demanda evidências que minimizam certezas equivocadas. O exemplo das duas mães ilustra bem a diferença entre ciência e religião. Com o advento do método científico, o Homem substituiu a fé pela dúvida, dando assim oportunidade para a razão, munida das percepções sensoriais, deixar de ser um mero coadjuvante para protagonizar uma revolução na vida humana. Inegavelmente a ciência vem demonstrando ser a melhor forma de se chegar a verdades que reflitam a realidade com maior clareza e precisão, como declarou Albert Einstein: "Toda a nossa ciência, comparada com a realidade, é primitiva e infantil e, no entanto, é a coisa mais preciosa que temos".

– 2 –

Ao surgir na Terra, a humanidade era como uma criança perdida, solitária, com amnésia e sem instrutores, que acabara de despertar de um longo e profundo sono. Dominada por dúvidas e medo do ambiente que lhe cercava, se questionava sobre quem era, de onde vinha, onde estava e para onde iria. O Homem não tinha ferramentas de análise como as tem hoje, seus instrumentos e métodos eram rudimentares. Com o passar do tempo, desenvolveu ferramentas materiais e metodológicas que lhe deram a capacidade de ampliar seu conhecimento aos níveis atuais. Para tanto, necessitou alterar e desenvolver sua forma de pensar.

OS QUATRO PENSAMENTOS

No início de sua jornada, a única forma da humanidade explicar a complexidade da natureza consistia em mitos[a]. Até recentemente, uma ou duas gerações atrás, os ribeirinhos da Amazônia acreditavam que botos (golfinhos de água doce) se transformavam em homens para seduzir e engravidar suas adolescentes. Provavelmente uma forma de evitar retaliações sociais acerca da atividade sexual e gravidez precoces. Os nórdicos acreditavam que raios e trovões eram centelhas e ruídos provenientes de rochas sendo quebradas pelo deus Thor com seu martelo acima das nuvens. Os hebreus antigos tinham outra explicação para o mesmo fenômeno: se tratava da voz dos anjos ou de Javé. Assim, cada tribo, cada povo, cada cultura reúne durante sua trajetória um acervo de mitos para explicar suas origens e os fatos do cotidiano.

O desenvolvimento social e seus complexos sistemas de mitos em torno do espiritual culminaram nas religiões. Religiosos das mais diversas facções creem que entidades divinas, em sua ira, utilizam seus poderes sobre-humanos para causar quebra na produção de grãos, enchentes, secas, terremotos, epidemias, entre outras mazelas e catástrofes, com o intuito de aplicar corretivos à humanidade imperfeita. Mas longe da dura realidade da vida, algumas das mais importantes crenças religiosas como paraíso, inferno, vida e castigo eternos, giram em torno da morte.

Os templos mais antigos conhecidos até o momento foram encontrados em *Göbekli Tepe*, na Turquia. Erigidos cerca de sete mil anos

---

[a] (1) Histórias fantásticas de transmissão oral, cujos protagonistas são deuses, semideuses, seres sobrenaturais e heróis que representam simbolicamente fenômenos da natureza, fatos históricos ou aspectos da condição humana; (2) representações de fatos ou de personagens distanciados dos originais pelo imaginário coletivo ou pela tradição que acabam por aumentá-los ou modificá-los. (Dic. Michaelis).

antes das pirâmides do Egito, coincidem com a invenção da agricultura. Faziam parte de uma religião que perdurou em torno de quatro mil anos. Milenares e de origem pré-histórica, as religiões ainda são muito bem aceitas até os dias de hoje. Nelas deuses, heróis, profetas, avatares e messias são as personagens centrais.

Apesar de ser amplamente aceito, o pensamento religioso contribui mais consolando e resignando que solucionando os problemas humanos. Durante a ascensão do Império Grego, a busca por explicações e resoluções mais eficientes deu origem a uma nova forma de pensar.

No século VI a.C. surgem os primeiros filósofos: Tales de Mileto, Heráclito de Éfeso, Pitágoras de Samos, entre outros. A partir do século IV a.C., os pensamentos singulares de Sócrates dividiram os filósofos em pré e pós-socráticos.

Grande parte dos filósofos gregos, como Protágoras, Demócrito e Aristóteles, não cria nos problemas humanos como resultado da ação dos deuses, logo, não julgava que seriam solucionados ou impedidos através de ofertas e sacrifícios às divindades. Partindo dessa premissa, a filosofia grega alcançou grandes avanços em matemática e ciências físicas. Motor a vapor, bebedouro automático acionado por moedas e computador astronômico analógico são alguns exemplos desse avanço. Mas a concentração do conhecimento filosófico na biblioteca de Alexandria, com o intuito de preservá-lo obteve efeito contrário. Devido a eventos diversos naquela região, como guerras entre gregos, romanos e egípcios, e disputas entre pagãos, cristãos e mulçumanos, os volumes que não tiveram a sorte de serem roubados, foram destruídos num período de 700 anos. Os últimos exemplares, sob domínio mulçumano, se tornaram combustível para quatro mil banhos públicos no ano 642 d.C.

Durante o senhorio da Igreja Romana na Idade Média, as escolas filosóficas gregas foram sistematicamente fechadas. A Igreja passou a monopolizar a filosofia para disseminar as crenças católicas. Agostinho de Hipona, Tomás de Aquino e Martinho Lutero foram pensadores hábeis na utilização de argumentos filosóficos em favor da religião cristã; porém filósofos como Giordano Bruno e Galileu Galilei foram perseguidos até a morte pela mesma religião por contradizerem alguns de seus equivocados dogmas.

No final da Idade Média, dando continuidade ao caminho aberto pela filosofia grega, surgiu outra forma de pensar.

Entre os séculos XVI e XVII, Francis Bacon, René Descartes e Galileu Galilei desenvolveram os princípios do método experimental. A proposta de Galileu, hoje conhecido como o "pai da ciência moderna", foi uma análise da natureza através da experimentação mensurada pela matemática. Desde então ferramentas e instrumentos cada vez mais precisos e sofisticados elevaram exponencialmente a compreensão de todas as áreas da vida humana.

O triunfo da ciência sobre os métodos antecessores está nos resultados apoiados por evidências. Agora, a cura de diversas doenças e a resolução de muitos problemas graves se tornaram realidade sem necessidade de fé, como nos pensamentos mítico e religioso, nem dependência somente da lógica, como no pensamento filosófico. Entretanto nem tudo tem sido positivo, pois a destrutividade do Homem foi potencializada pelo pensamento científico quando instrumento de guerra e consumismo humanos. Mas, quando ferramenta do progresso, propiciou grandes avanços ao bem-estar da humanidade nunca antes obtidos pelos pensamentos anteriores. Hoje, um cidadão comum tem acesso a recursos que os reis do passado sequer sonharam usufruir.

Esse breve vislumbre sobre a história do pensamento, revela um Homem movido pela necessidade de respostas. Agora, dependendo do acesso ao conhecimento, cada pessoa pode escolher quais pensamentos utilizar (mítico, religioso, filosófico, científico ou um misto destes) para explicar os fatos de sua vida e do mundo que lhe cerca.

PARTE II – VERDADES BÍBLICAS

Como a crença naturalmente antecede a descrença, o descrente sempre estará isento do ônus da prova.

– 3 –

ois temas bíblicos caros aos cristãos são as profecias do "arrebatamento da Igreja" (remoção dos cristãos para os céus) e da "grande tribulação". Contudo há certa controvérsia entre os teólogos dos vários ramos do cristianismo acerca da sequência desses eventos. Quem estaria certo?

Por Que Jesus Não Voltará e a Origem de Deus

O ARREBATAMENTO DA IGREJA E
A GRANDE TRIBULAÇÃO

O pré-tribulacionismo (a crença de que a igreja será arrebatada antes da grande tribulação) é a hipótese mais aceita entre protestantes e evangélicos. Os mesotribulacionistas, aqueles que acreditam no arrebatamento durante a grande tribulação, assim como os pós-tribulacionistas, são de número insignificante. Entretanto os textos bíblicos mais importantes sobre o assunto apontam para o pós-tribulacionismo: o arrebatamento ocorrendo depois da grande tribulação. Os motivos para essa incoerência entre a crença da maioria e os textos bíblicos são bem conhecidos: o medo natural do sofrimento e da morte e a competição entre as facções cristãs para arrebanhar novos membros. As igrejas que promovem um arrebatamento antes do grande sofrimento profetizado na Bíblia são mais procuradas. Suas pregações soam como uma oferta promocional: "Quem se converter agora não passará pela grande tribulação!".

Apostando no medo, os pré-tribulacionistas utilizam textos como Lucas 21.36 e Apocalipse 3.10 para consolar e ganhar a confiança dos crentes. O primeiro texto aconselha ao preparo para "escapar" ou "evitar" as coisas que hão de vir. O segundo faz menção à proteção de Deus sobre os membros fiéis da cidade grega de Filadélfia durante uma tribulação. Mas essas passagens não fazem referência direta ao arrebatamento, ficando na dependência do estado emocional do leitor a sua interpretação. Contrapondo essa ideia hodierna equivocada, uma passagem do Evangelho de João relata que Jesus acreditava que Deus era capaz de proteger a Igreja sem necessariamente retirá-la da Terra: "Não rogo que os tires do mundo, mas que os guardes do Maligno" (João 17.15).

A cronologia encontrada nos livros de Apocalipse, Mateus, Marcos e Lucas não deixa dúvidas acerca da ordem: "grande tribulação primeiro, arrebatamento depois". Segue os principais fatos em ordem cronológica que, segundo a Bíblia, sobrevirão à humanidade antes do arrebatamento da Igreja:

1°. A paz é tirada (Mateus 24.6; Apocalipse 6.4).

2°. Guerras e pestes (Mateus 24.7; Apocalipse 6.7,8).

3°. Princípio das dores (Mateus 24.8; Apocalipse 6.11).

4°. <u>Grande tribulação com morte de cristãos</u> (Mateus 24.9; Apocalipse 6.9-10;7.9-17).

5°. Primeira trombeta: destruição de terça parte da vegetação (Apocalipse 8.7).

6°. Segunda trombeta: terça parte do mar transforma-se em sangue (Apocalipse 8.8).

7°. Terceira trombeta: terça parte das águas dos rios ficam amargas (Apocalipse 8.10,11).

8°. Quarta trombeta: terça parte do sol, lua e estrelas perdem seu brilho (Apocalipse 8.12).

9°. Quinta trombeta: gafanhotos atormentam a humanidade (Apocalipse 9.1-12).

10°. Sexta trombeta: terça parte da humanidade é morta (Apocalipse 9.13-19).

11°. <u>Sétima trombeta: arrebatamento da Igreja</u> (Mateus 24.30,31; Apocalipse 11.15-18; I Coríntios 15.52; I Tessalonicenses 4.16).

Em I Coríntios S. Paulo se refere ao arrebatamento como um evento que ocorrerá "ao soar da *última* trombeta". Enquanto isso Apocalipse apresenta um total de sete trombetas representadas por números ordinais, ou seja, sua ordem não pode ser alterada. Portanto a última trombeta é também a sétima que será tocada após a grande tribulação como descreve Mateus 24.29-31:

Logo depois da tribulação daqueles dias [...] verão vir o Filho do homem sobre as nuvens [...] ele enviará os seus anjos com grande clangor de trombeta, os quais lhe ajuntarão os escolhidos desde os quatro ventos, de uma à outra extremidade dos céus.

Argumentos sobre uma segunda vinda de Jesus em dois períodos (um arrebatamento inicial invisível antes da grande tribulação e um segundo arrebatamento, que todos verão, depois da grande tribulação) é uma tentativa equivocada de explicar uma passagem de Apocalipse onde aparecem 144 mil israelitas com Jesus, possivelmente antes do arrebatamento. Mas há uma explicação alternativa mais plausível para essa pequena multidão: a ressurreição de santos na morte de Jesus descrita nos evangelhos. O texto "num abrir e fechar de olhos" (I Coríntios 15.51) não se refere ao arrebatamento como um evento invisível, mas à velocidade de transformação do corpo dos que serão salvos. A crença dos apóstolos era num arrebatamento único e visível, onde os fiéis mortos seriam ressuscitados e reunidos aos vivos para um encontro simultâneo com Jesus nos ares (I Tessalonicenses 4.17).

As interpretações divergentes dos teólogos dos vários ramos do cristianismo se devem às tentativas de conciliar as narrativas de Daniel, dos evangelhos e do Apocalipse que, ao invés de complementares, são diferentes. A crença em um ser divino inspirador de todos os escritores bíblicos os leva ao contorcionismo. No entanto, se for considerado que cada autor tinha opinião própria, toda contradição é eliminada, pois são ideias que naturalmente convergem em determinados pontos e divergem em outros, não havendo necessidade de conciliá-las.

Se Jesus, os apóstolos e os cristãos primitivos foram submetidos a perseguições, torturas e morte, não há motivos para acreditarmos que os da Era da Informação serão poupados.

— 4 —

Há alguns anos, o mais antigo exemplar completo do Novo Testamento – uma cópia datada de 360 d.C. – foi disponibilizado na internet. Antes dele apenas fragmentos haviam sido encontrados. Tal fato suscita a seguinte questão: se essa é a cópia mais antiga, o que ocorreu com os originais e cópias anteriores?

Por Que Jesus Não Voltará e a Origem de Deus

O NOVO TESTAMENTO, JESUS CRISTO E MICHAEL JACKSON

Em 303 d.C., o imperador romano Dioclécio iniciou uma perseguição de dez anos aos cristãos[5.2] ordenando a queima de todos os exemplares de documentos da nova religião. Dessa forma é possível deduzir que a delação de parentes pagãos e a baixa produção de cópias, devido à confecção manual em pergaminhos e papiros e ao analfabetismo generalizado, tornou a eliminação dos documentos cristãos uma tarefa relativamente fácil. Não obstante Constantino subiu ao poder declarando o cristianismo a religião oficial do Império Romano. Com o passar dos anos, incentivados pelo Estado, os livros e cartas do Novo Testamento foram reaparecendo no seio do povo, porém, com autenticidade duvidosa. Surgiram diversas escrituras contando histórias ainda mais mirabolantes que as oficiais, como a do menino Jesus dando vida a passarinhos de barro ou assassinando crianças malcriadas com seus poderes sobrenaturais[5.3]. Isso levou os líderes eclesiásticos a uma maratona de concílios para estabelecer quais textos seriam autênticos ou menos adulterados. Em 397 d.C., no terceiro concílio eclesiástico realizado na cidade de Cartago, foram escolhidos, entre mais de 200 escrituras, 27 livros e cartas considerados "inspirados" por Deus, batizados com o título de "Novo Testamento".

Mesmo sendo dolorosa e trágica, a perseguição iniciada em 303 concedeu uma grande oportunidade aos cristãos para enriquecerem os novos textos com informações atualizadas, os tornando mais proféticos e atraentes para arrebanhar multidões e mergulhar a humanidade na grande vingança cristã: a Era das Trevas, como ficou conhecida a Idade Média.

Fato interessante é encontrado no livro de Apocalipse: seu autor, temendo adulterações comuns no mundo antigo, deixou uma nota ao final amaldiçoando quem adicionasse ou omitisse parte de seu conteúdo (Apocalipse 22.18,19). Ao que parece essa medida não foi eficaz, pois são encontradas muitas divergências quando comparadas cópias de Apocalipse e de outros textos do Novo Testamento. Um exemplo é a frase "lavaram suas vestes no sangue do Cordeiro" em Apocalipse 7.14, o trecho "no sangue do Cordeiro" não é encontrado nas cópias mais antigas[5.4]. Outro exemplo é a frase "dura coisa te é recalcitrar contra os aguilhões" em Atos 26.14, também omitida nas cópias mais antigas. Edições como essas, entre muitas outras não citadas aqui, demonstram a infidelidade das cópias do Novo Testamento aos textos originais[5.5].

Outra prática comum dos copistas, era adicionar notas de rodapé de copistas anteriores aos textos originais. Provavelmente profecias como o sítio romano à Jerusalém em 70 d.C. (Lucas 23.28) e a destruição do templo (Mateus 24.2) foram adicionadas após a ocorrência dos fatos. Tais "previsões" impressionam multidões de fiéis desconhecedores do ambiente fora de controle onde foram elaborados e reeditados os textos bíblicos. Em um mundo sem leis como a de *Copyright*, que protege obras literárias nos dias atuais, uma lacuna de 260 anos entre cópias e originais perdidos, bota em dúvida a fidelidade de qualquer texto por mais sagrado que seja.

Imagine se todos os registros sobre Michael Jackson fossem perdidos e 260 anos depois algumas pessoas resolvessem escrever biografias com base na memória popular de gente que nasceu centenas de anos depois da sua morte. Não seria de se admirar se o passo de dança *moonwalk* fosse descrito como uma ação sobrenatural o arrastando para trás mesmo quando desejava andar normalmente. Suas mudanças de cor e aparência seriam descritas como transfigurações divinas. Os videoclipes com efeitos especiais seriam relembrados pela tradição oral como acontecimentos reais de invisibilidade, transformações e teleportações. Frases célebres do século XX seriam creditadas a ele. Diriam que não envelhecia e amava muito as crianças, mas foi acusado injustamente de pedofilia e morto mediante traição de seu médico particular conforme havia predito. Após mais de 1700 anos de disseminação dessas biografias, simpatizantes diriam que tudo é verdadeiro pelo fato de arqueólogos terem confirmado a existência das localidades e líderes políticos descritos nesses livros.

– 5 –

Bíblia é a fonte original das informações sobre a vida de Jesus. Nela encontram-se narrativas exaltando seus feitos e doutrinas. Porém esta mesma Bíblia, venerada por 2.2 bilhões de seguidores de Cristo, revela uma dura realidade que poucos têm ciência e torna vã toda a fé cristã: os equívocos de Jesus sobre sua volta.

Por Que Jesus Não Voltará e a Origem de Deus

POR QUE JESUS NÃO VOLTARÁ
(OS EQUÍVOCOS DE JESUS)

Mesmo admitindo não saber nem o dia nem a hora de seu retorno, talvez sob constante inquisição dos apóstolos – "dize-nos, quando acontecerão essas coisas" – em três ocasiões distintas Jesus indicou um período para sua volta:

JESUS PREVIU VOLTAR ANTES QUE OS APÓSTOLOS PREGASSEM EM TODAS AS CIDADES DE ISRAEL

Ora, os nomes dos doze apóstolos são estes: primeiro, Simão, chamado Pedro, e André, seu irmão [...]. A estes doze enviou Jesus, e ordenou-lhes, dizendo: Não ireis aos gentios, nem entrareis em cidade de samaritanos [...] e, à medida que seguirdes, pregai que está próximo o reino dos céus [...] Quando, porém, vos perseguirem numa cidade, fugi para outra; porque em verdade vos digo que não acabareis de percorrer as cidades de Israel antes que venha o Filho do homem (Mateus 10.2-23).

Teólogos procuram explicar essa questão de duas formas:

1. "Jesus sabia que os apóstolos iriam morrer antes de completarem sua missão, mas disse que voltaria enquanto estivessem evangelizando para mantê-los motivados".

Acreditar que Jesus teria sido desonesto ao afirmar que viria enquanto os apóstolos estivessem evangelizando, com o intuito de incentivá-los, não tem sustentação lógica nem bíblica. Além de se autointitular "a verdade" (João 14.6) e afirmar que o diabo é "pai da mentira" (João 8.44), não há nenhuma referência bíblica na qual Jesus minta deliberadamente para apoiar suas ideias. Jesus poderia equivocar-se, mas nunca mentir intencionalmente.

2. "Jesus falava não somente aos apóstolos, mas a todos os pregadores de todos os tempos".

Alegar que Jesus se referia aos pregadores do futuro, não somente aos apóstolos, é violentar um texto puramente literal. Mateus, além de utilizar-se da frase "a estes doze", informa como âmbito de atuação "as cidades de Israel", logo, não se referia a evangelistas atuais por serem bem mais que doze e pregarem em cidades estrangeiras.

Alguns utilizam as palavras de Jesus "estou convosco todos os dias, até a *consumação dos séculos*" (Mateus 28.20) para apoiar uma crença em um retorno tardio, centenas ou até milhares de anos após sua partida. Uma passagem de Hebreus deixa claro que os cristãos da época, assim como Jesus, consideravam a consumação dos séculos o tempo em que viviam: "*Agora* na consumação dos séculos..." (Hebreus 9.26).

O fim de um período medido em séculos ocorre no último século desse período, ou seja, se nos tempos neotestamentários estava vigente o fim dos séculos, aquele seria o último século antes da volta de Jesus: "eis que *cedo* venho" (Apocalipse 22.12).

Mesmo tendo previsto, Jesus não retornou durante os esforços de evangelização dos doze apóstolos.

JESUS AFIRMOU QUE ALGUNS DE SEUS OUVINTES NÃO MORRERIAM ATÉ O SEU RETORNO

Porque o Filho do homem há de vir na glória de seu Pai, com os seus anjos; e então retribuirá a cada um segundo as suas obras. Em verdade vos digo, alguns dos que aqui estão de modo nenhum provarão a morte até que vejam vir o Filho do homem no seu reino (Mateus 16.27,28; cf. Marcos 9.1 e Lucas 9.27).

Jesus direciona suas palavras a ouvintes e testemunhas oculares. Na oportunidade afirma que "de modo nenhum" alguns presentes morreriam até o verem vindo no seu reino, ou seja, não morreriam nem física nem espiritualmente. Isso sustenta a primeira afirmação quando diz que os apóstolos ainda estariam evangelizando em seu retorno. Apologistas cristãos dizem que Jesus se referia à transfiguração ocorrida poucos dias depois, acerca da qual alguns apóstolos foram testemunhas. Porém a transfiguração não foi um retorno: Jesus não havia voltado na companhia de anjos para julgar a humanidade e implantar o seu reino. Pelo contrário, Jesus continuava na Terra e foi supostamente visitado por Moisés e Elias. Portanto a transfiguração e o retorno do Filho do homem são ocasiões distintas.

Todos os ouvintes e testemunhas oculares de Jesus morreram e ele não voltou como prometera.

JESUS PROFERIU QUE RETORNARIA NA MESMA GERAÇÃO EM QUE VIVEU

Depois de um breve discurso de cunho apocalíptico, onde estava incluso seu retorno, Jesus faz uma terceira afirmação: "Em verdade vos digo que não passará *esta geração* sem que todas essas coisas se cumpram" (Mateus 24.34).

Teólogos sugerem que Jesus não estava se referindo à geração na qual vivia, mas que o cumprimento dessa profecia não se estenderia por mais de uma geração. De fato Jesus disse isso, mas como uma ideia derivada e inerente à ideia principal: os acontecimentos teriam início e fim em sua geração e de seus ouvintes. A gramática não permite uma interpretação para um futuro distante, pois a palavra "*esta*" (grego: αυτη) indica espaço de tempo onde está incluso o momento no qual se fala; e geração, nesse contexto, significa o conjunto dos indivíduos nascidos pela mesma época. Se Jesus estivesse se referindo a uma geração futura, usaria a palavra "essa" ou, se mais distante ainda, "aquela" (grego: αυτό). O uso da expressão "*esta* geração" e não "aquela geração" confirma as duas afirmações anteriores onde Jesus promete voltar (1) enquanto os apóstolos estivessem evangelizando e (2) antes da morte de testemunhas oculares.

Há certa dificuldade em se estabelecer quantos anos abrange uma geração humana, variando entre 25 e 40 anos. A média de vida nos tempos bíblicos era de 30 anos. Até a descoberta da penicilina por Alexander Fleming, em 1928, a expectativa de vida na Europa era de 40 anos. S. João, acredita-se, foi o apóstolo que mais viveu. Segundo a tradição ele morreu em 103 d.C., aos 94 anos. Se o fim de uma geração é a morte do último representante dessa geração, logo, Jesus voltaria, no máximo, no início do segundo século.

A geração de Jesus e dos apóstolos passou, mas ele não voltou conforme previu.

Além dos três equívocos supracitados, há outros três fatos que os corroboram:

OS CRISTÃOS DE TESSALÔNICA ACREDITAVAM NA NECESSIDADE DE ESTAR VIVO PARA SER SALVO E SE DESESPERAVAM PELOS PARENTES QUE MORRIAM

Na cidade grega de Tessalônica os cristãos estavam tristes com a morte de alguns por acharem que os mortos não seriam salvos. Era lógico pensar assim porque o testemunho dos apóstolos dizia que Jesus voltaria (1) enquanto estivessem evangelizando, (2) durante a vida de ouvintes e testemunhas oculares e (3) na geração na qual viviam. Então S. Paulo precisou consolá-los com as seguintes palavras:

Não queremos, porém, irmãos, que sejais ignorantes acerca dos que já dormem, para que não vos entristeçais [...], os que morreram em Cristo ressuscitarão primeiro. Depois nós, os que ficarmos vivos seremos arrebatados juntamente com eles, nas nuvens, ao encontro do Senhor nos ares, e assim estaremos para sempre com o Senhor (I Tessalonicenses 4.13-18).

Nessa passagem S. Paulo levanta a hipótese de alguns leitores de sua carta, e ele mesmo, ainda estarem vivos na ocasião da volta de Jesus. Segundo ele os mortos ressuscitariam para serem salvos juntamente com os vivos. Ele não cria uma (segunda) ilusão de salvação futura, centenas ou milhares de anos depois.

OS PRIMEIROS CRISTÃOS DEMONSTRAVAM IMPACIÊNCIA PELA DEMORA DE JESUS

Em sua segunda carta universal S. Pedro faz referência à impaciência de alguns acerca da volta de Jesus. Ele tenta explicar tal demora argumentando que "o Senhor *não retarda a sua promessa*, ainda que alguns a têm por tardia; mas é longânimo para conosco, não querendo que alguns se percam" (II Pedro 3.9). Jesus não retarda qual promessa? A de voltar logo, enquanto os apóstolos ainda estivessem vivos.

REGISTROS TARDIOS SOBRE JESUS DEMONSTRAM A CRENÇA EM SUA VOLTA IMINENTE

Estudos históricos e arqueológicos revelaram que somente em torno de 40 anos após a morte de Jesus começaram a surgir no seio do povo protoevangelhos em nome dos apóstolos. Qual o motivo dessa demora na compilação dos Evangelhos assim como de todo o Novo Testamento? A resposta está na convicção dos evangelistas e apóstolos de que ainda estariam vivos no retorno de Jesus, conforme ele mesmo ensinara. Assim não havia necessidade de registros. Ao perceberem que após uma geração seu mestre não retornou, alguns resolveram escrever sobre suas crenças em pergaminhos e papiros antes de falecerem, dedicando a autoria aos apóstolos a fim de terem seus escritos aceitos nas comunidades cristãs.

Se Jesus tinha a personalidade e o caráter apresentados na Bíblia, é pouco provável que tenha mentido para incentivar os apóstolos à evangelização e os tenha fitado cinicamente nos olhos dizendo que alguns estariam vivos no seu retorno. Também é difícil acreditar que doze pessoas entenderam mal suas orientações e passaram a pregar, por engano, que seu retorno seria naquela geração.

A existência de textos bíblicos contradizentes às próprias palavras de Jesus sobre sua volta iminente seria explicada, primeiro, pela dificuldade de seus seguidores em admitir que alguém tão singular teria cometido tão sério engano e, segundo, pelas muitas edições sofridas pelo Novo Testamento cessadas somente após o concílio de Cartago III em 397 d.C. Esse concílio foi uma atitude desesperada dos líderes eclesiásticos da época para interromper as constantes e apaixonadas alterações de suas escrituras sagradas.

É razoável pensar que Jesus, se existiu, era humano e cometera naturalmente equívocos por um ideal. O fato de a própria Bíblia conter evidências de Jesus prometendo voltar para seus contemporâneos deveria ser motivo de séria reflexão para aqueles que hoje investem suas vidas, tempo e dinheiro no cristianismo.

– 6 –

As profecias são componentes intrigantes da Bíblia, sem as quais esse livro cairia no esquecimento. É comum ouvir dizer que as profecias estão se cumprindo a cada fato de repercussão mundial. Para a maioria das pessoas a origem delas seria explicada somente pela existência de Deus; para outras, há alguma força mística por trás dessas previsões.

PROFECIAS: COMO SÃO PRODUZIDAS

Uma análise criteriosa, longe de confirmar uma procedência transcendental, revela seis origens puramente naturais para todas as profecias encontradas nos livros sagrados das maiores e mais influentes religiões do planeta, as quais são:

Indução psicológica

Joana D'Arc baseou sua vida em uma profecia sobre uma jovem que libertaria a França do domínio inglês. De igual modo Jesus, como muitos outros, teve sua vida fortemente influenciada pelas profecias de seu tempo. Sob opressão romana dezenas de homens se levantaram nos tempos neotestamentários acreditando serem, eles mesmos, o messias previsto nas escrituras hebraicas. A própria Bíblia cita, além de Jesus, o nome de mais dois homens que acreditavam preencher os requisitos messiânicos (Atos 5.34-37).

Profecias sobre pessoas induzem alguns a cumprir a parte natural, enquanto o imaginário popular adiciona a parte sobrenatural.

Simbolismo

O simbolismo é uma forte característica da literatura bíblica. O número 666, um indicador da besta profetizada no livro de Apocalipse, é, talvez, o principal exemplo bíblico. Essa "senha" pode ser aplicada não somente ao Papa, o "suspeito" número um, mas a diversos cidadãos comuns e autoridades importantes como o imperador romano Nero e o ex-presidente americano George Bush.

O autor de Apocalipse argumenta que se requer sabedoria e cálculo para encontrar o número 666 no nome ou título de um homem e, assim, descobrir se ele é a besta. Os métodos mais utilizados para se chegar a esse número são o de Pitágoras, o sistema caldeu, o sistema hebraico e os algarismos romanos. Segue um exemplo utilizando-se algarismos romanos tendo como suspeito um cidadão comum cuja graça é "Demétrio Xícharo Silva". Primeiro se extrai os algarismos: D=500, C=100, L=50, X=10, V=5, I=1, I=1 e I=1; e depois se faz o cálculo: $500 + 100 + 50 + 10 + 5 + 1 + 1 - 1 = 666$.

Seria nosso cidadão de origem luso-brasileira a besta que haveria de vir? O problema está na senha de três dígitos, talvez suficiente para os tempos bíblicos. Porém para os dias atuais, com bilhões de indivíduos e centenas de milhares de autoridades, 666 não é uma senha segura, podendo ser aplicada a muitas pessoas.

Ao analisarmos o contexto histórico, é possível constatarmos que o autor de Apocalipse se referia à besta como uma autoridade que assumiria a direção do Império Romano de sua época. Ao ruir, tal império levou consigo qualquer possibilidade de cumprimento da profecia. Mas a ambiguidade dessa previsão, proporcionada pelo simbolismo, faz multidões acreditarem em seu cumprimento toda vez que um tirano como Napoleão ou Hitler ascende ao poder.

O simbolismo leva as profecias contidas em livros sagrados, como os evangelhos, Daniel, Apocalipse e as Centúrias de Nostradamus, a múltiplas interpretações que facilitam sua adaptação aos fatos.

OMISSÃO DE NOMES E DATAS

Praticamente todas as profecias bíblicas omitem nomes e datas permitindo sua adaptação a pessoas e épocas diversas. Enquanto o prognóstico não se assemelhar a nenhum fato real, a omissão garante uma forte e permanente sensação de potencial cumprimento, mantendo gerações seguidas em suspense. Os profetas bíblicos não revelavam seus devaneios com precisão e deslocavam seu cumprimento para um futuro distante por dois motivos: primeiro, porque não viam, logicamente, informações detalhadas no fruto da própria imaginação e, segundo, temiam a prestação de contas caso a profecia falhasse enquanto estivessem vivos.

A profecia sobre o retorno de Jesus, talvez a mais importante do cristianismo, quebrou essa regra em parte e acabou por revelar sua fragilidade. Diante dos questionamentos dos discípulos, Jesus, mesmo afirmando não saber o dia nem a hora de seu retorno, acaba estabelecendo um período limite, hoje comprovadamente expirado.

FRAUDES

Os livros bíblicos passaram por muitos copistas que os modificavam conforme lhes convinha, adicionando informações reais ou fictícias inexistentes nos originais. O livro de Daniel talvez contenha a maior fraude profética já conhecida: a profecia da Estátua de Metais[b]. Criada por um redator que se fez passar por um autor que viveu 400 anos antes de sua época.

Estima-se que as cópias mais antigas do Velho Testamento sejam de 200 a.C., e do Novo, de 360 d.C. Depois de perdidos os originais não há como garantir a autenticidade das profecias que se cumpram até essas datas. A eliminação e recompilação da maioria dos documentos cristãos, como vimos em capítulo anterior, foi uma grande oportunidade para adição de profecias diversas.

Infelizmente nenhum setor da vida humana está imune a fraudes, todavia há instituições que se beneficiam delas.

IGNORÂNCIA POPULAR

Nota: no decorrer de toda esta obra, ignorância não significa burrice, mas a falta de conhecimento em determinadas áreas, condição comum a todos os seres humanos.

---

[b] Ver tópico 12: Estátua de Metais (O sonho de Nabucodonosor).

Alexandre Koncce

Muitos créditos recebidos pelas profecias bíblicas têm sua origem na ignorância popular. Terremotos, fome, guerras, surgimento de falsos mestres, multiplicação do conhecimento humano e fatos similares são ocorrências naturais ou sociais que precedem os textos sagrados.

Terremotos têm origem no encontro de placas tectônicas devido à deriva continental que separou a Pangeia nos continentes hoje conhecidos. Sua frequência e intensidade são similares há pelo menos 250 milhões de anos.

Fome em larga escala também é uma constante na história da humanidade. A própria Bíblia cita o Egito do tempo de José como um celeiro para um mundo faminto muito antes da existência das profecias do cristianismo (Gênesis 41.56,57). Além das longas estiagens, a própria expansão do Império Romano escravista desestabilizou a economia dos povos dominados, resultando em escassez de alimentos. Os rumores de fome em terras distantes levaram os escritores neotestamentários a acreditarem em um colapso do mundo conhecido da época, seguido de uma intervenção divina iminente.

Um dos principais motivos que formou todas as civilizações, confirmado por muitas evidências arqueológicas, é a guerra. O tema "História Universal" poderia facilmente ser substituído por "História da Guerra" sem necessidade de alteração do conteúdo. O caos social produzido pelas campanhas de conquistas romanas induziu nos escritores bíblicos a sensação de que o fim estaria próximo. Acreditavam que Deus, em sua infinita misericórdia, abreviaria o sofrimento do povo escolhido (Mateus 24.22). As duas guerras mundiais mostraram que os romanos engatinhavam na arte das atrocidades contra os judeus e demais povos. Com crueldades cada vez maiores, a história humana avançou quase 2000 anos além do tempo que os autores bíblicos acreditavam ser o fim.

As predições sobre o surgimento de falsos mestres foram realizadas pelos apóstolos enquanto esses já se manifestavam entre eles, não sendo algo novo como demonstra I Timóteo 6.3-5. Nesse caso houve apenas uma natural projeção para o futuro.

Outra passagem muito utilizada para enaltecer as propriedades proféticas da Bíblia é Daniel 12.4. Nela se faz menção à "multiplicação do conhecimento nos dias do fim". Como supracitado, o redator final do livro de Daniel adicionou informações sobre o Império Romano como se já estivessem lá 400 anos antes. O conhecimento técnico desse povo e dos gregos fazia pasmar as demais nações como fazem hoje China e Estados Unidos. O avanço científico é constante, portanto não é uma base segura para prever o fim.

Passados em torno de dois séculos e meio da edição final do livro de Daniel, o autor de Hebreus, ainda sob o truculento Império Romano, acreditava que a consumação dos séculos estava se cumprindo nos seus dias (Hebreus 9.26). Desde o momento em que essa profecia tornou-se popular, cada geração passou a crer que a "consumação dos séculos" ocorreria em sua época. A Era Cristã já registrou em torno de 50 previsões falhas sobre o final dos tempos[6.1].

Nem sempre se sabe os motivos pelos quais alguém dissemina uma mentira. Talvez objetivando consolar o povo judeu e invocar uma intervenção divina, um ou mais redatores de Daniel criaram falsas profecias. O analfabetismo no mundo antigo era generalizado. Escrita e leitura, restritas a pessoas influentes e da alta sociedade, eram consideradas dádivas divinas; assim, poucos ousavam duvidar de pergaminhos e papiros. Daí provavelmente vem a força da frase: "está escrito!". A ignorância foi e sempre será o maior mal da humanidade.

AUTOTESTEMUNHO

Há profecias, como o nascimento virginal, o retorno do Egito e curas de Jesus, cujo cumprimento é testemunhado somente pela própria Bíblia, sem registros históricos. Isso seria equivalente a um réu sendo sua própria testemunha, e os "juízes" comprados com promessas de prosperidade e vida eterna. Ironicamente há textos bíblicos que reprovam o autotestemunho como Deuteronômio 19:15 e I Timóteo 5:19. O próprio Jesus o condenava: "Se eu testifico de mim mesmo, o meu testemunho não é verdadeiro" (João 5.31).

Apesar dos seis mecanismos de ocultação de falhas, é possível identificar prognósticos não cumpridos onde os autores bíblicos foram específicos. A inexistência de profecias explícitas – livres de previsões naturais; sem simbolismo e ambiguidades; sem apelo ao psicológico e ignorância populares; com detalhamento de locais, nomes, dia, mês e ano de eventos não manipuláveis pela vontade humana – são evidências da ausência do sobrenatural nos presságios dos profetas.

$$-7-$$

Duas fiéis de uma congregação cristã, uma com cirrose hepática e outra com câncer de mama, iniciaram tratamento médico após diagnóstico. Mas, aos primeiros sinais de melhora, abandonaram as terapias acreditando na cura divina. Foram ao púlpito da igreja testemunhar os milagres recebidos, contudo, depois de algumas semanas, vieram a falecer. Testemunhos de cura divina com reincidência são comuns no ambiente eclesiástico, mas na memória do público permanece somente o "milagre".

Por Que Jesus Não Voltará e a Origem de Deus

EXCEÇÕES NATURAIS, REGRAS ESPIRITUAIS
(A ORIGEM DOS MILAGRES)

Quando a infecção por HIV era uma sentença de morte, os casos de "cura" da AIDS se tornaram motivo frequente para testemunhos nos púlpitos das igrejas. Certas vacinas interferiam nos testes sorológicos resultando em diagnóstico positivo para pessoas sem HIV. Testes posteriores negavam o primeiro laudo e, assim, o engano obtinha status de milagre. Hoje, com o desenvolvimento do coquetel de medicamentos que torna a vida de muitos soropositivos praticamente normal, a AIDS deixou de ser tão explorada pelos movimentos religiosos quanto era no passado.

Existem pessoas, há anos desempregadas, que são realocadas no mercado de trabalho após frequentarem cultos em igrejas evangélicas. Creditando às reuniões de oração o benefício recebido, ignoram que, no período onde o desespero lhes levou aos cultos, intensificaram o preparo e a busca pela vaga desejada. A sociedade possui mecanismos centenários (ONGs, filantropia individual, órgãos públicos) que auxiliam aos que buscam soluções para os mais diversos problemas. Os líderes religiosos, cientes ou não, valem-se dos serviços oferecidos por esses mecanismos para alavancar seu próprio negócio.

Um estudo americano dirigido pelo Dr. Herbert Benson do *Mind Body Medical Institute*, financiado pela instituição religiosa *Templeton Foundation*, analisou os efeitos das orações na recuperação de pacientes submetidos a cirurgias. Cerca de 1800 pacientes foram divididos aleatoriamente em três grupos. O primeiro grupo recebeu orações sem ter conhecimento do estudo. O segundo (o grupo controle) não recebeu orações e também não sabia que participava do estudo. O terceiro grupo recebeu orações e foi informado de que as recebia. A comparação entre o primeiro e o segundo grupo testou se havia eficácia nas orações. O terceiro grupo tinha como objetivo testar se o simples fato de saber que se recebe orações faz as pessoas melhorarem. As orações foram feitas por três igrejas, uma do Estado de Minnesota, uma de Massachusetts e outra do Missouri. O estudo foi publicado no *American Heart Journal* em abril de 2006. Não houve diferença entre os pacientes do primeiro e do segundo grupo. Mas, ao contrário do que se esperava, os do terceiro sofreram um número significativamente maior de complicações durante a recuperação. Provavelmente muitos dos que sabiam estar recebendo orações tiveram problemas causados pela ansiedade. É de conhecimento da medicina que o estado emocional afeta a recuperação dos enfermos. O resultado foi claro: orações intercessórias não funcionam.

Prejuízos completos ou parciais sempre são perdas, nunca vantagens nem milagres. Fatos como acidentes com sequelas graves não são milagres simplesmente porque as vítimas sobreviveram. Mas depois de uma grande tragédia, como a perda de um ente querido ou mutilação do próprio corpo, acreditar em milagres ajuda na continuidade da vida. Admitir a realidade pura e simples é mais difícil e poucos encontram conforto dessa forma. Se um ou dois sobreviventes de um acidente, como a queda de um avião de grande porte, são prova da existência de milagres, as centenas de mortos do mesmo acidente não seriam provas múltiplas do contrário?

Há alguns anos, houve dois acidentes aéreos sobre o mar, um voo da Yemenia Air que partiu de Iémen para as Ilhas Comores e o voo 447 (Rio-Paris) da Air France. No primeiro, entre 153 tripulantes e passageiros, somente uma adolescente de 13 anos sobreviveu com uma clavícula e o quadril quebrados. Logo a notícia de milagre espalhou-se pelo mundo. Uma análise relativamente simples revela por que a garota sobreviveu: o avião estava a baixa altitude, sob controle parcial do piloto, quando o mau tempo forçou uma aterrissagem no mar; a garota se agarrou a destroços por longas 15 horas até o socorro chegar enquanto várias pessoas agonizavam até a morte ao seu redor. No segundo acidente o avião caiu desgovernado de 10 mil metros de altura. Sob condições mais severas nem as crenças dos passageiros nem a tecnologia pôde salvar sequer uma entre mais de 220 pessoas. A ignorância sobre os milagres como ocorrências naturais mal avaliadas ou histórias adulteradas, quando não, fictícias, leva à crença no sobrenatural.

E os milagres realizados por Jesus? Infelizmente, para quem crê, há muitos deuses anteriores a Jesus, como Hórus, Perseu e Esculápio, que possuem atributos e milagres idênticos aos seus, ou seja, muito do que se lê no Novo Testamento são enxertos das religiões pagãs da época, hoje tratadas como mitologia. Citemos apenas Esculápio, também conhecido como Asclépio: o mais antigo registro de seu nome é encontrado na Ilíada de Homero, do século VIII a.C.; nessa citação ainda era considerado humano, descrito como um médico e governante da cidade de Tricca; uma vez que o relato homérico sobre a guerra de Troia é a poetização de um evento histórico, Asclépio pode ter existido de fato, vivendo em torno de 1200 a.C.; com o passar dos anos a mitologia greco-romana incrementou alguns milagres à sua vida, se tornou o deus da medicina e da cura, filho de Apolo, um deus, e Corônis, uma mortal; ressuscitou o filho de Teseu, Hipólito, o filho de Minos, Glauco, além de Licurgo e Capaneu; foi morto, ressuscitado e assunto aos céus por Zeus[7.1]. Trajetória de vida bem familiar para os cristãos.

Houve uma reunião no templo central de uma grande denominação evangélica conhecida por exagerar no pedido de ofertas, onde 10 pessoas paraplégicas foram "curadas" levando uma multidão de fiéis à comoção. Mas certo espectador em posição privilegiada pôde perceber dois detalhes importantes: as cadeiras de rodas dos paraplégicos eram novas e do mesmo modelo; e, devido às calças largas e saias compridas, não era possível ver sinais de atrofia comuns em pessoas com esse tipo de deficiência. Essa ocorrência leva à reflexão sobre a profecia de Jesus acerca dos milagres que acompanhariam seus seguidores. Os líderes dessa igreja procuravam formas de fazer valer a profecia:

E estes sinais seguirão aos que crerem: Em meu nome expulsarão os demônios; falarão novas línguas; pegarão nas serpentes; e, se beberem alguma coisa mortífera, não lhes fará dano algum; e porão as mãos sobre os enfermos, e os curarão (Marcos 16.17,18); Na verdade, na verdade vos digo que aquele que crê em mim também fará as obras que eu faço, e as fará maiores do que estas (João 14.12).

Citemos algumas obras milagrosas que os escritores bíblicos creditam a Jesus: transubstanciação de água em vinho; cura de paralisia, hanseníase, atrofia, cegueira, febre, hemorragia e amputação de orelha; ressurreição de mortos; apaziguamento de tempestade; multiplicação de pães e peixes; e caminhada sobre águas.

Em vista dos feitos do fundador e de sua previsão, sem auxilio tecnológico, cristãos andando sobre águas; multiplicando alimentos; curando atrofias musculares; recuperando olhos vazados; reconstruindo membros mutilados ou amputados; ressuscitando mortos; caminhando em meio ao fogo; voando sobre prédios para salvar vidas; entre muitas outras obras sobrenaturais, deveriam ser comuns no cotidiano popular.

Se as obras dos seguidores hodiernos correspondessem às expectativas de Jesus – considerando a grande quantidade de cristãos, problemas a serem resolvidos e dispositivos de captura de imagens – seria comum centenas de milagres registrados diariamente nas redes sociais e mídias eletrônicas. Essa habilidade cristã atrairia grandes investimentos da comunidade científica e órgãos públicos com o fim de aplicá-la em prol do bem-estar coletivo. Mas a realidade é outra: uma massa descomunal de crentes das mais diversas religiões enferma e desesperada em busca da medicina e dos benefícios produzidos pela ciência que costuma se opor às suas crenças.

Prosperidade financeira, emprego, curas, livramentos, entre outros benefícios supostamente adquiridos em reuniões eclesiásticas e por intermédio de orações, são privilégios de uma pequena fração da multidão que crê no socorro divino, como sintetiza o irônico texto bíblico: "mil cairão à tua esquerda, e dez mil à tua direita; mas tu não serás atingido" (Salmos 91.7). Uma proporção de 11.000 para 1 é facilmente encontrada em eventos naturais sem qualquer necessidade de intervenção divina.

O que se pode constatar, no âmbito dos milagres, é um marketing agressivo que se utiliza de mitologias milenares, exceções à regra, equívocos e fraudes para atrair consumidores. Obter ajuda de Deus é tão incerto quanto ganhar na loteria. A aposta divina é paga com muita fé na divindade e ofertas aos líderes eclesiásticos, os donos das "casas lotéricas". No entanto a origem desse engodo não é obra exclusiva dos charlatões, mas principalmente daqueles que buscam ajuda com a falsa ideia de que exceções naturais são regras espirituais.

$$-\,8\,-$$

Até final da Idade Média, a humanidade não dispunha de ferramentas científicas sofisticadas para desvendar os segredos da natureza. Em sua ingenuidade utilizava mitos e antropomorfismo[c] para explicar as manifestações naturais ou, no máximo, especulava através da lógica filosófica. No entanto há quem diga que a Bíblia, milênios antes, já continha grande parte do conhecimento científico desenvolvido nos últimos quatrocentos anos.

---

[c] Atribuição de forma ou caráter humanos a objetos não humanos ou Doutrina que confere a divindades forma, atributos e atos humanos (Dicionário Michaelis).

CIÊNCIA NA BÍBLIA

O que os autores bíblicos pensavam acerca de alguns assuntos hoje bem compreendidos através do método científico?

A FORMA REDONDA DA TERRA

Muitos religiosos (exceto os terraplanistas, é claro) creem que a Bíblia se refere à Terra como um globo muito antes de Galileu, Magalhães e Colombo. Geralmente citam dois textos, o primeiro está no livro de Isaías: "E ele o que está assentado sobre o *círculo* da terra..." (Isaías 40.22). As formas geométricas círculo e esfera são facilmente confundidas no meio popular até os dias de hoje. O que se pode ver nessa passagem é a crença numa Terra chata em forma de círculo, não em forma de globo.

O segundo texto encontra-se no livro de Amós: "Ele é o que edifica as suas câmaras no céu, e funda sobre a terra a sua *abóbada*" (Amós 9.6). A confusão aqui é acerca da palavra "abóbada", uma construção arquitetônica em forma de redoma feita de tijolos utilizada como cobertura. Não é difícil perceber que Amós se referia a fundações na Terra dedicadas à sustentação da abóboda celeste. Outras duas passagens de Jó confirmam essa crença: "As *colunas* do céu tremem" (Jó 26.11); "ele passeia pela *abóboda celeste*" (Jó 22.14).

Na mesma época do início da compilação da Bíblia judaica, em torno do século VI a.C., os primeiros filósofos gregos já defendiam a forma redonda da Terra passando essa visão aos povos dominados. Com a ascensão do cristianismo, a concepção bíblica de uma Terra plana passou a predominar entre os europeus até o século VI d.C.[8.1], período marcado pelo temor dos navegantes de caírem em precipícios na borda da Terra. Mesmo havendo uma boa aceitação da esfericidade terrestre a partir do século VII, não havia unanimidade entre os geógrafos. A exploração portuguesa da África e da Ásia, a viagem de Colombo às Américas em 1492 e, finalmente, a circunavegação da Terra por Fernão de Magalhães[d], de 1519 a 1521, forneceram evidências práticas de sua forma esférica conforme a visão grega da Terra redonda.

A GRAVITAÇÃO TERRESTRE

De acordo com o livro de Jó, a Terra está suspensa no nada (Jó 26.7), uma visão mimeticamente correta embasada em um raciocínio equivocado dos povos mesopotâmicos: a Terra é similar a um disco cujo Norte está suspenso sobre o nada e o restante flutua sobre o mar (Jó 26.7; Salmos 24.1,2; Salmos 136.6). Palpite que nada tem a ver com um minúsculo globo azul gravitando ao redor do Sol como demonstrado pela ciência. E o que dizer do autor de I Samuel onde, no capítulo 2, verso 8, expõe sua crença numa Terra sustentada por colunas? Divergências assim são comuns entre autores bíblicos.

O VALOR DE π

Segundo o autor de I Reis, esmerados artífices haviam construído uma estrutura no tabernáculo erigido a Deus cuja forma era de um círculo "perfeito" com 30 côvados de circunferência e 10 côvados de diâmetro (I Reis 7.23). Isso fornece uma constante proporcional adimensional de valor "3", hoje conhecida como "π": a razão do perímetro pelo diâmetro do círculo. Mesmo sem uma referência explícita do autor bíblico a essa proporção, nota-se o quanto era orgulhoso da capacidade intelectual e destreza de seu povo ao ponto de registrar dimensões interdependentes do círculo.

Levando-se em consideração aplicações científicas, as quais ne-

---

[d] Magalhães faleceu antes de concluir sua missão, somente parte de sua equipe consumou a volta ao redor da Terra.

cessitam de pelo menos 100 vezes mais precisão, o círculo bíblico não pode ser considerado perfeito. Pois se seu diâmetro era de 10 côvados, seu perímetro deveria ser de 31,40 côvados e não 30. Ou se seu perímetro era de 30 côvados, seu diâmetro precisaria ser de 9,55 côvados e não 10. A proporção descrita pelo autor bíblico é um erro percentualmente alto mesmo para a arquitetura de povos da época como o grego e o romano. Com mil anos de antecipação ao texto bíblico em questão, os egípcios já haviam registrado essa proporção no *Papiro de Rhind* com maior precisão ($\pi=3,16$). Como os hebreus permaneceram escravos por muitos anos no Egito, é possível que ali tenham tomado conhecimento dessa proporção, mas não registraram com exatidão.

Em 250 a.C., o filósofo grego Arquimedes havia chegado a uma precisão de 3 casas decimais para o π (3,141). Em 1596, o matemático alemão Ludolph van Ceulen chegou à 35 casas decimais; em 2011, Shigeru Kondo e Alexander Yee chegaram à marca 10×10^{28} casas decimais; e em 2013, matemáticos e especialistas em computação da Universidade de Santa Clara, EUA, chegaram à precisão de 80×10^{31} casas decimais para o π.

A CLASSIFICAÇÃO DO MORCEGO

O autor de Levítico classificava o morcego como ave: "Dentre as *aves*, a estas abominareis (...) a cegonha, a garça segundo a sua espécie, a poupa e o *morcego*" (Levítico 11.13-19).

Os morcegos são mamíferos adaptados ao voo como revelam investigações de seu DNA. Mesmo aspectos morfológicos de fácil observação como boca dentada, focinho, pelos, orelhas, dedos nas asas, mamas, órgão genital masculino externo, sistemas excretores de urina e fezes separados, entre muitas outras características inexistentes em aves, são suficientes para classificar o morcego entre os mamíferos. Como ainda não existia a ciência da Taxonomia, o autor de Levítico apenas registrou o limitado conhecimento de sua época.

O NÚMERO DE PÉS DOS INSETOS

Segundo a Bíblia há insetos de quatro patas: "Todos os *insetos* alados que andam sobre *quatro pés*, serão para vós uma abominação" (Levítico 11.20).

Se no passado bíblico havia algum animal parecido com inseto e tinha apenas 4 patas (pés), não era inseto, pois os insetos possuem 6 patas. Da mesma forma artrópodes de 8 patas como aranhas, carrapatos e escorpiões, são aracnídeos, não insetos, porque tiveram linhas de evolução diferentes. Mesmo hoje é comum a confusão entre insetos e aracnídeos entre leigos. Não é de se admirar equívocos maiores dos povos antigos.

A ORDEM DE CRIAÇÃO DAS PLANTAS E DO SOL

Segundo a Bíblia, as plantas foram criadas antes do Sol (Gênesis 1.11-14). Entretanto as investigações científicas revelaram que o Sol e a Terra foram formados simultaneamente há 4.6 bilhões de anos, e somente 4 bilhões de anos depois surgiram os primeiros vegetais terrestres. Outro fato torna sem sentido a ordem bíblica: a fotossíntese, processo indispensável à sobrevivência das plantas, não pode ser ativada pela luz das estrelas ou lunar, mas somente por luz solar ou artificial com potência suficiente. Dessa forma seria lógico que as plantas, com abundante oferta de luz, surgissem depois do Sol.

A ORIGEM DO ARCO-ÍRIS

O arco-íris é um fenômeno mais recente do que a civilização conforme Gênesis 9.13-16. No entanto esse fenômeno natural é decorrente da difração da luz solar ao atravessar gotículas de água suspensas na atmosfera terrestre. Somente nos primeiros milhões de anos da Terra talvez não tenha havido arco-íris, porque praticamente toda a água dos rios, mares e oceanos vieram de cometas. Estudos sobre o gelo da Groenlândia, do polo Norte e da Antártica provaram que a composição atmosférica é a mesma há pelo menos 1 milhão de anos. O gênero humano surgiu há 300 mil anos, e as mais antigas civilizações há apenas 5 mil anos.

OS TERREMOTOS

Segundo Salmos 104.5 e I Crônicas 16.30, a Terra foi estabelecida por Deus de tal forma que nunca sofreria terremoto: "Lançaste os fundamentos da Terra, para que ela *não fosse abalada em tempo algum*" (Salmos 104.5).

Provavelmente esses autores bíblicos viviam distantes de regiões com abalos sísmicos. Alguns séculos depois, os autores do Novo Testamento já admitiam a possibilidade de terremotos, talvez por terem notícias deste fenômeno na Itália através do testemunho romano. A península itálica está ao lado de uma falha tectônica.

O ÓRGÃO DO PENSAMENTO

Segundo a Bíblia, o coração é o órgão responsável pelos pensamentos: "Viu o Senhor que era grande a maldade do homem na terra, e que toda a imaginação dos *pensamentos de seu coração* era má continuamente" (Gênesis 6.5). Outros textos encontrados em Deuteronômio, Salmos, Mateus e Hebreus confirmam a mesma crença. Até Jesus acreditava no coração como responsável pelos pensamentos: "Porque *do coração* procedem os maus *pensamentos*, homicídios, adultérios..." (Mateus 15.19).

Pessoas com coração transplantado mantém seus pensamentos íntegros, sem apresentar quaisquer resquícios dos pensamentos do doador. Por outro lado há muitos casos de pessoas outrora amorosas e carinhosas que tiveram lesão cerebral e passaram a tratar filhos e cônjuge com frieza. Esses são exemplos de como o cérebro, e não o coração, é responsável não somente pelos pensamentos, mas também pelos sentimentos.

Na Grécia antiga muitos filósofos fizeram previsões aparentemente inconcebíveis para sua época. Platão (427-347 a.C.) acreditava na evolução dos animais muito antes de Charles Darwin formular a teoria da evolução das espécies. Demócrito (460-370 a.C.) ensinava que a matéria era composta por átomos milênios antes dos eficientes modelos atômicos de Rutherford e Niels Bohr. Aristarco (310-230 a.C.) formulou uma teoria heliocêntrica 1600 anos antes de Copérnico propor o mesmo e ser hostilizado pelo clero.

No fim da a Idade Média, os "filósofos da natureza", hoje conhecidos como "cientistas", retomaram as previsões iniciadas pelos filósofos gregos. Em 1696, Edmond Halley previu a volta do cometa que leva seu sobrenome para o ano de 1759 utilizando registros históricos e matemática. Antes do advento das transmissões de rádio, tevê, celular e internet, James Maxwell previu a existência das ondas eletromagnéticas. No século XVIII, John Michell e Pierre-Simon Laplace previram os buracos negros descobertos por observação indireta no século XX, cuja primeira fotografia foi obtida somente neste século. Em 1948, George Gamov previu matematicamente a radiação cósmica de fundo em micro-ondas (a principal prova do Big Bang) detectada pela primeira vez em 1965. Paul Dirac previu a antimatéria e Peter Higgs a partícula que dá massa às demais, detectadas somente após várias décadas.

Esses são apenas alguns exemplos de previsões reais com alto grau de precisão registradas no meio filosófico e científico. Aliás, previsões são naturais e necessárias à ciência produzida em grande parte por céticos. Mesmo sendo precisos, nenhum desses homens arrogou inspiração divina. Se algumas aproximações sobre o funcionamento da natureza são consideradas indícios da Bíblia como um documento revelado por Deus, os muitos erros crassos contidos nela são provas do contrário. Embora bela, trata-se de uma obra literária puramente humana.

Pela facilidade de aquisição de conhecimento científico nos dias atuais, muitos não se dão conta de que os fundadores das maiores e mais importantes religiões tinham um conhecimento precário sobre o funcionamento do mundo natural. Conheciam menos que as crianças em idade pré-escolar de hoje e transmitiram suas convicções com base nessa ignorância. Não tinham noção sobre a natureza material do céu, da luz e do ar, muito menos sobre a existência de microrganismos, doenças genéticas e disfunções neurais. Se portadores dessas informações, Moisés, Jesus e Maomé, jamais teriam dito que doenças tinham origem sobrenatural, sequer teriam iniciado suas pregações e peregrinações. Se de alguma forma o religioso atual tivesse a oportunidade de conviver algumas horas, ou mesmo minutos, com o fundador de sua religião, o abandonaria decepcionado.

Sábio aquele com humildade suficiente para reconhecer que a Bíblia não é um livro de cunho científico a fim de defender sua fé.

– 9 –

ela beleza de suas mensagens, engodo de suas promessas e severidade de suas ameaças, a Bíblia tornou-se o livro mais vendido e lido do mundo. Se autoproclamando a palavra de Deus, perfeita e divinamente inspirada, foi o primeiro livro a ser impresso por Gutenberg, adquirindo respeito de praticamente todos os povos da Terra. Dona desse invejável status, na prática, pode não ser tão perfeita quanto se prega.

CONTRADIÇÕES BÍBLICAS

Alguns céticos dizem haver centenas ou até milhares de contradições nos textos bíblicos. Após uma investigação criteriosa para filtrar os exageros, segue uma seleção de quinze ocorrências consideradas procedentes:

1. EM GÊNESIS DEUS TENTOU A ABRAÃO, MAS TIAGO AFIRMA QUE ISSO NÃO É POSSÍVEL:

"E aconteceu, depois destas coisas, que tentou Deus a Abraão e disse-lhe: Abraão! E ele disse: Eis-me aqui (Gênesis 22:1)" vs. "Ninguém, sendo tentado, diga: De Deus sou tentado; porque Deus não pode ser tentado pelo mal, e a ninguém tenta (Tiago 1.13)".

2. NINGUÉM PODE VER A FACE DE DEUS E SOBREVIVER, MAS MOISÉS VIU E SOBREVIVEU:

"E disse mais: Não poderás ver a minha face, porquanto homem nenhum verá a minha face, e viverá (Êxodo 33:20)" vs. "O Senhor falava com Moisés face a face, como quem fala com seu amigo (Êxodo 33:11)".

3. ENQUANTO UM AUTOR DECLARA QUE DEUS NÃO SE ARREPENDE, OUTRO AFIRMA QUE SIM:

"E também aquele que é a Força de Israel não mente nem se arrepende; porquanto não é um homem para que se arrependa (I Samuel 15:29)" vs. "Então arrependeu-se o Senhor de haver feito o homem sobre a terra e pesou-lhe em seu coração (Gênesis 6.6)".

4. Mateus e Lucas divergem acerca do pai de José:

"E Jacó gerou a José, marido de Maria (Mateus 1:16)" vs. "Jesus começava a ser de quase trinta anos, sendo (como se cuidava) filho de José, e José de Eli (Lucas 3:23)".

5. Em Mateus o centurião falou diretamente com Jesus, em Lucas ele mandou outras pessoas em seu lugar:

"Entrando Jesus em Cafarnaum, chegou junto dele um centurião, rogando-lhe, e dizendo: Senhor, o meu criado jaz em casa, paralítico, e violentamente atormentado (Mateus 8:5-7)" vs. "Enviou-lhe o centurião uns amigos, dizendo-lhe: Senhor, não te incomodes, porque não sou digno de que entres debaixo do meu telhado. E por isso nem ainda me julguei digno de ir ter contigo; dize, porém, uma palavra, e o meu criado sarará. E voltando para casa os que foram enviados, acharam são o servo enfermo (Lucas 7:2-7)".

6. Segundo Jesus, Zacarias era filho de Baraquias, mas Zacarias era filho de Joiada:

"Para que sobre vós caia todo o sangue justo, que foi derramado sobre a terra, desde o sangue de Abel, o justo, até ao sangue de Zacarias, filho de Baraquias (Mateus 23:35)" vs. "Assim o rei Joás não se lembrou da beneficência que Joiada, pai de Zacarias, lhe fizera; porém matou-lhe o filho (II Crônicas 24:20-22)".

7. Para Mateus a figueira secou instantaneamente após a maldição de Jesus, mas para Marcos ela secou somente no dia seguinte:

"Avistando uma figueira perto do caminho, dirigiu-se a ela, e não achou nela senão folhas. E disse-lhe: Nunca mais nasça fruto de ti! E a figueira secou imediatamente (Mateus 21:19)" vs. "Então lhe disse: 'Ninguém mais coma de seu fruto'. E os seus discípulos ouviram-no dizer isso. Ao cair da tarde, eles saíram da cidade. De manhã, ao passarem, viram a figueira seca desde as raízes. Lembrando-se Pedro, disse a Jesus: 'Mestre! Vê! A figueira que amaldiçoaste secou!' (Marcos 11:14-15,19-21)".

Mais curioso ainda é o motivo que levou Jesus a amaldiçoá-la: não deu frutos fora da época (Marcos 11:13).

8. Quem solicitou o censo de Israel? Deus ou Satanás? Os autores de II Samuel e I Crônicas divergem sobre o assunto:

"E a ira do Senhor se tornou a acender contra Israel; e incitou a Davi contra eles, dizendo: Vai, numera a Israel e a Judá. Disse, pois, o rei a Joabe, capitão do exército, o qual tinha consigo: Agora percorre todas as tribos de Israel, desde Dã até Berseba, e numera o povo (II Samuel 24:1,2)" vs. "Então Satanás se levantou contra Israel, e incitou Davi a numerar a Israel. E disse Davi a Joabe e aos maiorais do povo: Ide, numerai a Israel (I Crônicas 21:1,2)".

Seriam Jeová e Satanás uma mesma entidade fazendo um teatro para se divertir com os seres humanos?

9. Autores de II Samuel e I Crônicas divergem acerca do número de homens preparados para a mesma guerra:

"Joabe deu ao rei a soma do número do povo contado; e havia em Israel 800 mil homens de guerra, que arrancavam da espada; e os homens de Judá eram 500 mil homens (II Samuel 24:9)" vs. "Joabe deu a Davi a soma do número do povo; e era todo o Israel 1 milhão e 100 mil homens, dos que arrancavam da espada; e de Judá 470 mil homens (I Crônicas 21:5)".

10. DAVI FOI O SÉTIMO FILHO DE JESSÉ SEGUNDO I CRÔNICAS, MAS I SAMUEL O REGISTRA COMO OITAVO:

"E Jessé gerou a Eliabe, seu primogênito, e Abinadabe, o segundo, e Siméia, o terceiro. Natanael, o quarto, Radai, o quinto. Ozém, o sexto, Davi, o sétimo (I Crônicas 2:13-15)" vs. "Assim fez passar Jessé a seus sete filhos diante de Samuel; porém Samuel disse a Jessé: O Senhor não tem escolhido a estes. Disse mais Samuel a Jessé: Acabaram-se os moços? E disse: Ainda falta o menor, que está apascentando as ovelhas (I Samuel 16:10,11)".

11. AUTORES DE II SAMUEL E I CRÔNICAS DIVERGEM ACERCA DO VALOR DE UMA PROPRIEDADE COMPRADA POR DAVI:

"Davi comprou a eira e os bois por 50 siclos de prata (II Samuel 24.24)" vs. "Davi deu a Ornã, por aquele lugar, o peso de 600 siclos de ouro (I Crônicas 21.25)".

12. JOSIAS FOI LEVADO MORTO OU VEIO A FALECER EM JERUSALÉM? A BÍBLIA ADMITE AS DUAS VERSÕES:

"Nos seus dias subiu Faraó Neco, rei do Egito, contra o rei da Assíria, ao rio Eufrates; e o rei Josias lhe foi ao encontro; e, vendo-o ele, o matou em Megido. E seus servos, num carro, o levaram morto, de Megido, e o trouxeram a Jerusalém (II Reis 23.29-30)" vs. "E os flecheiros atiraram contra o rei Josias. Então o rei disse a seus servos: Tirai-me daqui, porque estou gravemente ferido. E seus servos o tiraram do carro, e o levaram no segundo carro que tinha, e o trouxeram a Jerusalém; e morreu (II Crônicas 35.23, 24)".

13. Autores de Números e Deuteronômio se contradizem acerca do local onde Arão morreu:

"Arão, o sacerdote, subiu ao monte Hor, conforme ao mandado do Senhor; e morreu ali (Números 33.38)" vs. "Virei-me, e desci do monte, e pus as tábuas na arca que fizera; e ali estão, como o Senhor me ordenou. E partiram os filhos de Israel de Beerote-Bene-Jaacã a Moserá; ali faleceu Arão (Deuteronômio 10.6-7)".

14. Os amalequitas foram exterminados em três eventos diferentes:

O rei Saul os exterminou: "Então disse Saul a Samuel: Antes dei ouvidos à voz do Senhor, [...] e trouxe a Agague, rei de Amaleque, e *os amalequitas destruí totalmente*" (I Samuel 15.7-8,20);

O rei Davi os exterminou: "E subia Davi com os seus homens, e davam sobre os gesuritas, e os gersitas, e os *amalequitas* [...] e Davi *não deixava com vida* nem a homem nem a mulher" (I Samuel 27.8-9);

O rei Ezequias os exterminou: "vieram nos dias de Ezequias, rei de Judá, [...] e *feriram o restante* dos que escaparam dos *amalequitas*, e habitaram ali até o dia de hoje" (I Crônicas 4.42-43).

15. Três versões para a morte de Saul:

Cometeu suicídio: "Saul tomou a espada, e *se lançou sobre ela*. Vendo, pois, o seu pajem de armas que *Saul já era morto*, também ele se lançou sobre a sua espada, e morreu com ele" (I Samuel 31.4-6; cf. I Crônicas 10.4-5);

Foi morto por um amalequita: "Eu lhe disse: Sou *amalequita*. Então ele me disse: Peço-te, arremessa-te sobre mim, e *mata-me*,

[...]. Arremessei-me, pois, sobre ele, e *o matei*" (II Samuel 1.8-10);

Foi morto pelos filisteus: "Então foi Davi, e tomou os ossos de Saul, e os ossos de Jônatas seu filho [...] onde *os filisteus* os tinham pendurado, quando *feriram a Saul* em Gilboa" (II Samuel 21.12).

Outro fato curioso: se Saul exterminou os amalequitas (contradição 14), como pôde ser morto por um deles?

A Bíblia é uma coletânea de livros e cartas compilada por mais de 40 autores separados por continentes, costumes e séculos de distância, o que impossibilita uma harmonia absoluta. Através dos séculos copistas, quando não alteravam os textos diretamente, adicionavam notas de rodapé que mais tarde, por descuido ou intencionalmente, foram incorporadas por outros copistas aos textos originais dando maior coesão à obra[9.1]. Entretanto algumas divergências chegaram aos dias de hoje, as quais, apesar de não afetarem sua beleza e mensagem central, a desqualificam como perfeita e divinamente inspirada.

– 10 –

Muito se ouve sobre grandes vultos históricos como Alexandre, o Grande, e Nero sendo homossexuais, assim como o guerreiro grego Aquiles e até mesmo Hitler. Mas pouco se fala sobre uma importante personalidade bíblica, exemplo de fé entre judeus e cristãos que, provavelmente, foi homo ou bissexual.

CASAL BÍBLICO HOMOAFETIVO
EXEMPLO DE FÉ

Em I Coríntios 6.9 S. Paulo declara que efeminados (homens com trejeitos de mulher) e sodomitas (praticantes de relação sexual anal) não herdarão o reino de Deus. Em Romanos 1.26 e 27 o mesmo S. Paulo deixa implícito que homossexuais serão castigados devido a essa orientação. Qual seria a opinião do grande rei Davi acerca das afirmações de S. Paulo ocorridas séculos depois de sua morte?

Segundo o autor de I Samuel, o rei Saul chamou à sua presença Davi, ainda apenas um jovem guerreiro, devido ao seu triunfo sobre o gigante Golias e por outros grandes feitos em combate. Nessa ocasião Jônatas, filho do rei Saul, sentiu amor à primeira vista por Davi: "Ora, acabando Davi de falar com Saul, a alma de Jônatas ligou-se com a alma de Davi; e Jônatas *o amou* como à sua própria alma" (I Samuel 18.1).

Depois de um tempo, o rei Saul passou a desejar a morte de Davi. Mas Jônatas, ao contrário do pai, tinha um forte sentimento de afeição por ele: "Falou, pois, Saul a Jônatas, seu filho, e a todos os seus servos, para que matassem a Davi. Porém Jônatas, filho de Saul, estava *muito afeiçoado* a Davi" (I Samuel 19.1).

O autor bíblico defende a tese onde Saul tinha apenas ciúmes da veneração do povo a Davi, mas uma lida no contexto parece revelar algo mais: "Então se acendeu a ira de Saul contra Jônatas, e ele lhe disse: Filho da perversa e rebelde! Não sei eu que tens escolhido a filho de Jessé para vergonha tua, e *para vergonha de tua mãe*?" (I Samuel 20.30).

O trecho "para vergonha tua, e para *vergonha de tua mãe*" não tem sentido se a irritação de Saul fosse exclusivamente pela possibilidade de perda do reinado para Davi. Se esse fosse o caso, não teria se autoexcluído dentre os envergonhados e, provavelmente, teria dito: "para vergonha tua e de teu pai" ou "para minha vergonha".

Alexandre Koncce

Há uma expressão homofóbica atual cujo conteúdo reflete bem o pensamento de Saul: "filho gay é motivo de vergonha para uma mãe que passou nove meses gerando um homem". Essa reação provavelmente era padrão para os pais de uma sociedade primitiva onde a misoginia e a homofobia faziam parte das leis do Estado. A decepção de Saul deve ter sido dobrada porque, além de descobrir a homossexualidade do filho, o parceiro sexual era seu próprio genro e potencial adversário político.

Por algum tempo Jônatas convenceu seu pai a não matar Davi, mas Saul voltou a se indignar e Davi precisou fugir. Então Jônatas vai escondido ao seu encontro para despedir-se de uma forma incomum entre amigos héteros: "beijaram-se um ao outro, e choraram ambos, mas Davi chorou muito mais" (I Samuel 20.41).

Após a morte de Jônatas, Davi o lamenta com uma frase surpreendente tanto para padrões religiosos quanto para heterossexuais: "Angustiado estou por ti, meu irmão Jônatas; muito querido me eras! Maravilhoso me era o teu amor, *ultrapassando o amor de mulheres*" (II Samuel 1.2).

Tudo leva a crer que os autores de I e II Samuel procuraram convencer seus leitores de que a relação entre Davi e Jônatas não passava de uma amizade singular entre homens heterossexuais, e que a perseguição de Saul a Davi era puramente política. Todavia, ao se considerar as palavras de Saul, Davi e Jônatas, observa-se jovens apaixonados e um pai indignado. Provavelmente esses autores buscavam mudar a imagem homossexual de Davi a fim de evitar que sua popularidade influenciasse as novas gerações contra os princípios morais deixados por Abraão e Moisés.

Pregadores hodiernos defendem a heterossexualidade de Davi fazendo alusão à sua paternidade e às muitas esposas, além de ter arquitetado a morte de um de seus generais para ficar com sua mulher, Bate-Seba. Contudo sua relação com Jônatas ocorre na juventude, antes mesmo de ser coroado. Não são poucos os jovens cuja vida sexual se inicia com alguém do mesmo sexo optando, mais tarde, por relacionamento duradouro com o sexo oposto. Ademais, homens casados com filhos não são seguramente héteros. Há muitos casos de homens maduros se revelando homo ou bissexuais depois de uma vida toda no "armário".

É extremamente remota a possibilidade de dois homens terem suas almas ligadas por um amor à primeira vista (I Samuel 18.1), se sentirem afeiçoados (I Samuel 19.1), se beijarem aos prantos na iminência da separação (I Samuel 20.41), serem motivo de vergonha para a mãe de um deles (I Samuel 20.30) e um declare o amor do outro maravilhoso ao ponto de ultrapassar o amor das mulheres (II Samuel 1.2) sem que tais homens tenham uma relação homoafetiva.

Embora Davi deva ter passado o resto de sua vida com saudades de seu relacionamento com Jônatas, há uma passagem bíblica o declarando "segundo o coração de Deus". Isso deveria suscitar uma reavaliação acerca do preconceito no meio religioso sobre a homoafetividade.

– 11 –

O dízimo é uma prática comum no meio cristão evangélico. Consiste na doação mensal à direção da Igreja de 10% de toda renda bruta, fruto de toda e qualquer atividade financeira, quer seja do emprego formal ou informal ou da atividade empresarial. A questão é: seria a obrigatoriedade do pagamento do dízimo válida atualmente? O que realmente diz a Bíblia sobre isso?

Por Que Jesus Não Voltará e a Origem de Deus

DÍZIMO: SETE MOTIVOS BÍBLICOS PARA NÃO PRATICÁ-LO

Não obstante alguns poucos ramos do cristianismo afirmem que o dízimo não é obrigatório, ficando a critério do membro praticá-lo, o sermão dos pastores de qualquer um deles não é tão flexível assim. O texto bíblico mais utilizado para constranger o crente a dar o dízimo encontra-se no livro de Malaquias:

> Roubará o homem a Deus? Todavia vós me roubais, e dizeis: Em que te roubamos? Nos dízimos e nas ofertas alçadas. (...) Trazei todos os dízimos à casa do tesouro, para que haja mantimento na minha casa, e depois fazei prova de mim, diz o Senhor dos exércitos, se eu não vos abrir as janelas do céu, e não derramar sobre vós tal bênção, que dela vos advenha a maior abastança (Malaquias 3.8-10).

Pense no impacto psicológico de ser comparado a um ladrão por Deus ao negligenciar o dízimo ou de ter a promessa de fartura ao praticá-lo. Todavia há sete razões encontradas na própria Bíblia que botam em xeque a obrigatoriedade, vigência e eficácia dessa prática:

A LIMITAÇÃO LOCAL E ÉTNICA DO DÍZIMO

O dízimo obrigatório é parte da lei de Moisés destinada a geração de sustento para a tribo de Levi, proibida de ter posses e encarregada de todo trabalho religioso entre as 12 tribos de Israel (Levítico 27.30-32; Números 18.21-32; Deuteronômio 12.1-19; 26.12-15). Tal lei se aplicava exclusivamente a esta nação: "o livro da lei de Moisés, que o Senhor tinha *ordenado a Israel*" (Neemias 8.1).

O autor de Malaquias também direciona seu livro somente a Israel: "A palavra do Senhor a Israel, por intermédio de Malaquias" (Malaquias 1.1); "Pois eu, o Senhor, não mudo; por isso vós, *ó filhos de Jacó*, não sois consumidos" (Malaquias 3.6).

Portanto somente aos descendentes de Jacó, também conhecido como Israel, o livro de Malaquias e a lei de Moisés são aplicados. Os demais povos não são obrigados a adotar a prática do dízimo.

A LIMITAÇÃO TEMPORAL DO DÍZIMO

Segundo Jesus, a lei da qual o dízimo é parte e as obrigações ditadas por profetas como Malaquias perderam sua validade após a morte de João Batista: "A lei e os profetas vigoraram *até João*; desde então é anunciado o evangelho do reino de Deus" (Lucas 16.16); "Pois todos os Profetas e a Lei profetizaram *até João*" (Mateus 11.13).

O DÍZIMO ANTERIOR À LEI DE MOISÉS ERA ESPONTÂNEO

Alguns alegam que o dízimo deve ser praticado no cristianismo porque é anterior à lei mosaica e, portanto, não teria sido anulado com o fim da mesma. De fato há registros extrabíblicos sobre a prática do dízimo nas religiões pagãs mesopotâmicas antes mesmo do judaísmo surgir. A Bíblia contém duas passagens que corroboram essa ideia. Entretanto, ao citá-las, os pregadores atuais omitem a espontaneidade dos praticantes. Em Gênesis 14.18-20, Abraão, ancestral remoto do povo israelita, dá o dízimo do despojo de uma guerra – nada mais que isso – a um sacerdote misterioso chamado Melquisedeque. Abraão não estabelece uma frequência nem estende o dízimo às suas posses. A segunda passagem está em Gênesis 28.22, onde Jacó, neto de Abraão, promete dar o dízimo em troca de proteção divina, mas também o faz espontaneamente.

JESUS CRITICOU A IMPORTÂNCIA EXAGERADA DADA AO DÍZIMO

Outro argumento, muito utilizado pelos pregadores para convencer os fiéis a darem o dízimo, são as poucas palavras de Jesus sobre o assunto encontradas nos evangelhos de Lucas e Mateus: "Mas ai de vós, fariseus! Porque *dais o dízimo* da hortelã, e da arruda, e de toda hortaliça, *e desprezais* a justiça e o amor de Deus. Ora, estas coisas importava fazer, sem deixar aquelas" (Lucas 11.42).

Observe que, longe de estar ensinando a prática do dízimo, Jesus estava criticando duramente os escribas e fariseus por superestimarem deveres menos importantes da lei e negligenciarem as práticas do amor, da justiça e da fé. Jesus encarava algumas tradições de sua época com naturalidade, ou seja, assim como nunca condenou o escravismo e a prática de sacrifício de animais, não condenava o dízimo, mas não os incluiu no futuro de sua igreja.

O AUTOR DE HEBREUS NÃO CITOU O DÍZIMO COM INTENÇÃO DE APROVÁ-LO PARA OS CRISTÃOS E REPROVOU A LEI QUE O OBRIGAVA

"O livro de Hebreus é do Novo Testamento e afirma que Jesus é sumo-sacerdote da ordem de Melquisedeque. Se Abraão deu o dízimo a Melquisedeque, então os cristãos devem dá-lo a Jesus", argumentam os pregadores modernos. O problema desse raciocínio é que, mesmo o autor de Hebreus tendo repetidas vezes utilizado a palavra dízimo, e o livro pertença ao Novo Testamento, em momento algum sugeriu que se deve dar o dízimo a Jesus ou aos apóstolos ou, muito menos, aos atuais líderes religiosos. De fato o autor comparava Jesus a Melquisedeque para que o povo hebreu, o único do ponto de vista bíblico obrigado a dar o dízimo, tivesse respeito a ele tanto quanto Abraão, o pai da nação, teve por Melquisedeque, uma figura enigmática com atributos divinos similares aos de Jesus. Esse mesmo autor asseverava que a Lei, de onde vem o dízimo obrigatório, era fraca e inútil e necessitou ser substituída: "A ordenança anterior é revogada, porque era *fraca e inútil*. Pois a Lei não havia aperfeiçoado coisa alguma, sendo introduzida uma esperança superior, pela qual nos aproximamos de Deus" (Hebreus 7.18,19).

O DÍZIMO NUNCA FORA PRATICADO PELOS APÓSTOLOS E SEUS SUCESSORES

Em 585, durante o Sínodo de Mâcon, a prática do dízimo foi imposta pela primeira vez na Igreja Católica, mas sem sucesso. Posteriormente, no século IX, Carlos Magno resgatou essa prática em seu império na forma de imposto. Somente a partir do século XVIII o dízimo passou a ser exclusivamente religioso[11.1]. O dízimo simplesmente não existia nos primeiros 6 séculos do cristianismo, porque os cristãos entendiam que se tratava de uma prática exclusiva do judaísmo. Quando essa noção foi perdida através do tempo, os líderes católicos e reformadores, valendo-se da ignorância popular, instituíram o dízimo aos fiéis. Nos relatos neotestamentários, as doações dos membros da igreja limitavam-se a ofertas voluntárias cuja finalidade era ajudar membros necessitados e líderes que se dedicavam integralmente aos trabalhos religiosos (Romanos 15.26; II Coríntios 9; etc.).

PRATICANTES DO DÍZIMO PODEM SER AMALDIÇOADOS

Segundo o autor da carta aos Gálatas, quem deseja praticar a lei tem que praticá-la por completo ou será amaldiçoado: "Todos aqueles, pois, que são das obras da lei estão debaixo da maldição; porque está escrito: *Maldito todo aquele* que não permanecer em *todas as coisas* que estão escritas no livro da lei, para fazê-las" (Gálatas 3.10,11). Entretanto há uma outra lógica na Bíblia que alivia essa situação: se a lei foi cumprida por Jesus (Mateus 5.17) e substituída pelo Evangelho (Lucas 16.16; Hebreus 7.18,19), tanto as bênçãos quanto as maldições previstas nela não têm mais efeito. Quem dá o dízimo não recebe bênçãos, e quem não o dá, não será amaldiçoado.

– 12 –

Uma profecia de grande aceitação no seio das religiões mono-teístas é a da Estátua de Metais encontrada no livro de Daniel. Segundo esse livro, o rei do Império Babilônico, Nabucodo-nosor (632-562 a.C.), sonhou com uma grande estátua cuja cabeça era de ouro, braços de prata, tronco de bronze, pernas de ferro e pés com uma mistura de ferro e barro. A interpretação de Daniel foi a seguinte: a cabeça era o Império Babilônico cujo rei era o próprio Nabucodonosor, os braços de prata seriam um segundo império formado por duas nações, o tronco de bronze seria um terceiro império, as pernas de ferro seriam um quarto império, e os pés de ferro e barro seriam várias nações em equilíbrio de forças.

ESTÁTUA DE METAIS
(O SONHO DE NABUCODONOSOR)

Essa é uma das poucas profecias que tem correlação inequívoca com fatos históricos. A cabeça de ouro seria o Império Babilônico; os braços de prata, o Império Medo-persa; o tronco de bronze, o Império Grego; as pernas de ferro, o Império Romano; e os pés, as várias nações hoje existentes. Tal profecia seria perfeita, exceto por dois importantes detalhes:

1. Tradicionalmente acreditava-se que o livro de Daniel era do século VI a.C. Porém, com o avanço das pesquisas arqueológicas do século XX, muitos estudiosos passaram a sugerir uma data posterior e múltiplos autores. Foi constatado que algum material do livro é do século III a.C., com um editor e redator final que vivenciou a profanação do Templo de Jerusalém no século II[12.1], entre 167 e 164 a.C.[12.2] Algumas razões para estas datas incluem o uso da palavra "caldeu" e de outras gregas e persas inexistentes no século VI a.C., gafes históricas sobre fatos daquele século e estilos de hebraico e aramaico encontrados somente nos séculos III e II a.C.[12.3] Dessa forma fica claro o porquê desta suposta profecia ter sido aparentemente cumprida na História: sua produção foi realizada depois de passados os impérios babilônico, medo-persa e grego, sendo vigente a República Romana que já dominava grande parte do mundo conhecido da época. Como os judeus, sob a tirania romana, almejavam a vinda de um messias, os autores arriscaram um fim para esse império seguido de várias nações independentes.

2. A profecia ignora os mil anos do Império Bizantino; o Império Britânico, o maior de todos os tempos; o domínio bélico e político dos russos sobre a União Soviética; e, atualmente, a influência americana sobre todo o globo. Para se ter uma ideia, o Império Britânico ocupou uma área 6 vezes maior e abrigou uma população 8 vezes maior que o Império Romano, mesmo assim não mereceu uma posi-

ção de destaque na Estátua de Metais. Uma única arma inglesa, soviética ou americana, como um porta aviões, por exemplo, seria suficiente para derrubar todos os impérios antigos juntos. Mesmo na vigência dos impérios antigos, muitos povos e nações ainda permaneciam livres. Portanto a estátua deveria conter mais metais e mais divisões para simbolizar os impérios recentes, não sendo coerente estarem representados por uma mistura de barro e ferro que simboliza nações livres em equilíbrio de poder.

Se as previsões bíblicas sobre a ascensão e declínio dos impérios antigos foram fraudadas, como acreditar em seus prognósticos sobre o futuro?

PARTE III – SOBRE O UNIVERSO E A VIDA

Pode-se provar que o Universo gera seres inteligentes, mas não que um ser inteligente gerou o Universo.

– 13 –

ão poucos acreditam que a aparente obediência do Universo a leis físicas e regras matemáticas, assim como sua complexidade, remetem a uma inteligência superior. Alguns argumentam que até mesmo uma simples gota d'água é tão complexa que exige um projetista. Seriam as leis físicas ditadas por um legislador supremo? Se a complexidade das coisas exige um criador, a complexidade do criador não exigiria um criador para ele também? Se um criador não exige um projetista para si, seria mais simples que sua criação?

Por Que Jesus Não Voltará e a Origem de Deus

A INVERSÃO DA ORDEM NATURAL

Estudos sobre o nascimento e morte das estrelas revelaram que, em seu interior, todos os elementos (átomos) foram formados através de fusão nuclear do átomo de hidrogênio, o elemento mais simples. Observações da matéria em aceleradores de partículas demonstram que átomos de hidrogênio, assim como os demais, são constituídos por partículas subatômicas conhecidas como prótons, nêutrons e elétrons. Por sua vez os prótons e nêutrons são combinações de partículas mais simples chamadas quarks. Hoje são conhecidas 12 partículas subatômicas compostas por objetos menores ainda com apenas uma dimensão e participantes do Big Bang: as supercordas[e].

Vários ramos da ciência, como a Bioquímica, a Arqueologia, a Paleontologia, a Geologia e a Genética, convergem na demonstração de que a vida na Terra e sua complexidade surgiram a nível microscópico. Sob pressão de forças naturais, elementos químicos como o carbono, o nitrogênio e o oxigênio, dissolvidos em água, se combinaram formando moléculas orgânicas simples como os aminoácidos. Da combinação das primeiras moléculas orgânicas surgiram outras maiores e mais complexas como as proteínas, o RNA e o DNA. Desses surgiram esferas de onde vieram as primeiras células com suas organelas. Avançando para níveis de complexidade cada vez maiores, as células passaram a colônias e, de colônias, à seres pluricelulares, atingindo proporções descomunais como os extintos dinossauros e as modernas baleias.

Os fatos observados na matéria, na vida e na Terra, assim como no Universo conhecido, revelam uma evolução natural e gradativa onde as entidades mais simples deram origem às mais complexas, se contrapondo à crença em um ser superior criando os mais simples.

---

[e] Embora com grande aceitação no meio científico, ainda não há tecnologia para confirmar a existência das supercordas.

As leis físicas, diferentes das leis jurídicas, não exigem legislador. A palavra "lei" foi convencionada pelos primeiros cientistas para sintetizar a rigidez dos fenômenos e propriedades naturais, não para indicar que são regras formuladas por um ser inteligente. Assim como os textos de um livro de História não são a origem dos fatos ali descritos, mas apenas registros destes, a principal ferramenta da Física, a matemática, apenas descreve o Universo. Os complexos cálculos diferencial e integral criados pelo Homem, nada mais são do que soma e subtração em maior grau de complexidade. Por sua vez a soma e a subtração são apenas símbolos do estar ou não estar em determinado lugar e momento. A didática utilizada para ensinar crianças a somar e subtrair com desenhos de frutas, como maçãs e laranjas, ilustra bem isso. Então o que é toda a matemática senão a descoberta ou previsão de que as coisas mudam de lugar sob ação do tempo? A matemática atual não pode, por exemplo, explicar eventos internos aos buracos negros porque simplesmente não obedecem às leis da física.

O comportamento da natureza é relativamente simples, baseado em atração e repulsão de partículas sob ação de quatro forças fundamentais. Porém incontáveis interações entre infinitas partículas, através de um tempo muito mais extenso do que a vida humana, requer ferramentas complexas para que o limitado poder de processamento do cérebro possa decifrar tal comportamento. Tendo consciência das propriedades básicas do mundo natural, grande parte dos cientistas e cidadãos comuns com algum domínio em ciências exatas e biológicas não necessitam de entidades sobrenaturais como resposta às suas indagações.

Na infância aprende-se que certos elementos têm finalidades específicas, como a chuva para regar as plantas, o Sol para iluminar o dia, a Lua para a noite, as estrelas para adornar o céu noturno, os vegetais e animais como alimentos, e as flores para embelezar campos e jardins. No entanto o método científico demonstrou que tudo o que existe hoje é resultado de eventos e seres anteriores sem propósito específico.

As chuvas não existem para regar a vegetação, a vegetação é uma consequência das chuvas. O Sol não existe para servir à vida na Terra, a vida é resultado da energia solar somada a outros fatores. Os demais animais não têm o propósito de servir ao Homem, o ser humano os adaptou aos seus propósitos. Homens e outros seres multicelulares não têm como finalidade servir de alimento para as bactérias que os levam à enfermidade e à morte; após o surgimento de seres pluricelulares, as bactérias encontraram neles fonte de subsistência.

Estudando a natureza o Homem pôde compreender que os belos animais selvagens são sobreviventes de competições brutais ocorridas ao longo das eras e períodos geológicos. A beleza das flores ofusca uma dura realidade: um ambiente hostil onde um grande número de seres vivos mais frágeis, ou menos adaptados ao ambiente, é diariamente morto sob sofrimento intenso para alimentar os mais fortes ou melhor adaptados. Os seres vivos são máquinas biológicas naturais. Quando o Homem faz suas máquinas, não as produz em grande quantidade para selecionar um punhado das melhores. Utilizando-se da inteligência, procura prever as falhas para que todas as suas máquinas sejam bem-sucedidas. Se o projeto do Universo estivesse em poder de um ser inteligente, os meios para se alcançar a vida e sua diversidade seriam diferentes do método violento, selvagem e aleatório vigente.

As diversas culturas imaginam seus deuses projetando o mundo através da razão porque a humanidade transformou profundamente o meio ambiente pelo uso dela. A razão é fruto das gradativas transformações cerebrais sofridas pela espécie humana. Nada pode ser criado, no sentido mais estrito, por meio da razão; seu poder limita-se a transformar o preexistente. Atribuir aos deuses características humanas como inteligência, ira, amor e paixões diversas, longe de exaltá-los, os reduzem a criaturas submissas ao mundo natural. O comportamento do Universo, desprovido de moral, justiça, compaixão, amor e razão, é explicado por uma origem sem vontade própria.

Por não entender ou recusar-se a aceitar a natureza como uma entidade autônoma, o Homem inverte em sua mente a ordem natural, onde o simples antecede o complexo, o imparcial se antecipa à vontade, e o inconsciente precede a inteligência nas origens mais remotas de tudo o que existe.

Alexandre Koncce

– 14 –

Desde muito cedo, o Homem vem procurando suas origens. Nessa busca incessante, formulou diversos mitos onde simples animais até deuses sofisticados são criadores e interventores do mundo natural. Somente no início do século XX, após centenas de anos de árdua análise científica, a humanidade veio ter noção da formação e dimensão de seu lar.

Por Que Jesus Não Voltará e a Origem de Deus

ENTÃO QUEM FEZ O UNIVERSO?

Abrigo de uma quantidade imensurável de corpos celestes e gigantescas galáxias, o Universo tem como fundamento infinitas partículas subatômicas invisíveis a olho nu. Há muitos bilhões de anos atrás, num evento chamado Big Bang, matéria, energia, tempo e espaço se projetaram de um ponto infinitesimal a proporções colossais em frações de segundo. Os cosmólogos acreditavam que o Universo era estático. Agora, demonstrado seu "início" e expansão, muitos alegam estar provada sua criação.

Outrora limitado a porções achatadas de terra e água cobertas por uma redoma transparente e sobrenatural[f] onde as estrelas estavam fixadas e os deuses caminhavam, o Universo revelou-se tão vasto que a Terra sequer pode ser comparada a uma partícula de pó. Esse fato leva a uma nova e intrigante questão: haveria mesmo um ser capaz de criar algo com tais dimensões? Porque quanto mais perfeição e poder se espera de um ser, menor a probabilidade desse ser existir.

As frases "se Deus não existe, então quem fez o Universo?" e "os irreligiosos acreditam que o Universo veio do nada por mero acaso" são uma constante na apologia teísta. Na primeira, busca-se apoiar a existência de Deus na ignorância humana sobre a origem e o funcionamento do Universo. Na segunda, procura-se ridicularizar e intimidar quem pensa diferente. Qual o significado de acaso? Não existiriam outras alternativas além de Deus e do acaso para explicar a origem do Universo? O Big Bang foi um início ou apenas uma mu-

---

[f] Os antigos acreditavam que o céu era sobrenatural, mas estudos iniciados em meados do século XIX demonstraram que a luz tem origem na transição dos elétrons entre as camadas eletrônicas dos átomos, o que permite a cada elemento emitir luz com uma "assinatura". Assim é possível determinar, pela luz captada pelos telescópios, que até os corpos mais distantes do Universo visível são compostos pelos mesmos elementos naturais encontrados na Terra.

dança de estado?

A forte sensação de que tudo tem um começo é inerente à mente humana, devido ao condicionamento dos exemplos obtidos ao longo da vida. O Sol nasce e se põe; impérios surgem e ruem; pessoas, animais e plantas nascem e morrem; mas na verdade tudo está apenas sendo reciclado. Átomos que compunham dinossauros que viveram há milhões de anos agora estão em corpos humanos.

É curioso observar pessoas e animais gerando descendentes sem transmitirem suas rugas e cansaço. Isso se deve à química de reposição dos telômeros[g] quando as células reprodutoras são formadas. Assim, há uma renovação no ciclo de duplicação das células, permitindo ao novo indivíduo viver até mais que seus genitores. Nascimento, envelhecimento e morte, início, meio e fim são apenas rearranjos da matéria, não sua geração e degeneração.

A noção de perfeição de seres ideais varia de pessoa para pessoa e de cultura para cultura. Enquanto certas culturas idealizam deuses de difícil refutação, outras criam divindades ingênuas, mas suficientes para a exigência intelectual local. O fato de serem antropomorfos, incapazes de se manifestar pessoalmente e dependentes de pregadores e livros, classifica os deuses entre os seres mitológicos. Em termos lógico-científicos, não podem explicar a origem do Universo nem dos eventos ocorridos nele. Munido dessa concepção, o cético amplia a questão de "quem fez o Universo?" para "se o Universo teve início, qual sua origem?". Essa reformulação viabiliza alternativas antes ignoradas.

O fato de alguém não acreditar na existência de Deus, não o faz pensar que o Universo surgiu sem uma causa. Então não poderia ser Deus a causa primeira? Talvez sim, mas é pouco provável a existência de um ser vivo sem um ambiente anterior para lhe dar suporte. Se Deus existe, ou, como alguns preferem, "é", para satisfazer a pre-

---

[g] Parte dos cromossomos responsável pela duplicação celular.

missa de que "tudo que existe precisou ser criado", então quem o criou? Alegar que o conceito de Deus abrange a ideia de "não ser criado", "não ter origem", "ser supra universal" não resolve a questão, pois são apenas jogos de palavras com apelo emocional. Tais atributos são convenções humanas não necessariamente reais, vão até onde a imaginação levar. Declarações similares podem ser atribuídas diretamente ao Universo. Poderes conferidos aos antigos deuses egípcios, gregos e romanos, não os tornaram verdadeiros.

A ideia do acaso como "um acontecimento sem origem", também rotulado por "mero acaso", é absurda. O acaso é um "conjunto de causas independentes entre si que, de modo imprevisível, determinam um acontecimento qualquer" (dic. Aurélio), o que é perfeitamente admissível. Eventos sem controle humano, imprevisíveis ou com causas ainda desconhecidas fazem parte da história da humanidade assim como da vida de cada pessoa. Dizer que o Universo surgiu do acaso soa desconfortável para os religiosos, o que revela não somente um conceito equivocado para o acaso, mas um sentimento negativo devido ao natural medo do desconhecido. Por não temer ameaças nem esperar prêmios das divindades, alguns se permitem buscar respostas fora do âmbito místico-religioso. Todavia Deus como origem é mais plausível para a maioria. Um ser onipotente pode assumir a responsabilidade por sua própria existência e de sua criação (imagem preservada dos pais ou responsáveis do tempo de criança), garantindo uma segurança emocional que uma entidade impessoal, como o Universo ou a natureza, não pode proporcionar: "A natureza parece ser um membro muito indesejável da sociedade" (Thomas Edison).

Se para muitos é inconcebível a natureza como uma entidade impessoal autônoma, para outros é difícil acreditar que um ser absolutamente perfeito, ou seja, que naturalmente não precisa de complemento, sentiu necessidade de criar alguma coisa para amá-lo e adorá-lo.

A dependência humana do tempo faz alguns pensarem no Big Bang como a fronteira final da busca pela origem de tudo. Hoje sabe-se que o nada absoluto não existe. Experimentos científicos comprovaram que no vácuo fervilham partículas de matéria e antimatéria que se anulam em altíssima velocidade. De onde elas vêm? Ainda não se sabe com exatidão. Teoria defendida por Stephen Hawking e muitos outros cientistas de renome, tem como origem do Big Bang o surgimento de matéria e antimatéria em larga escala devido a flutuações quânticas no "nada" associadas ao "princípio da incerteza de Heisenberg" que impediria o cancelamento total entre matéria e antimatéria. Talvez buracos negros em outros universos seriam a causa dessas flutuações.

Uma teoria matemática amplamente aceita no meio científico, que vem sendo desenhada desde a década de 1960, conhecida como "teoria M", aponta para a existência de cordas (entidades quânticas unidimensionais) e de 7 outras dimensões além das 4 conhecidas. As cordas ou supercordas, combinadas a essas dimensões, têm a capacidade de criar partículas subatômicas e, consequentemente, universos com leis físicas diversas. Desta forma, um Multiverso[h] de infinitas possibilidades torna-se viável, onde o tempo é apenas um coadjuvante subjugado por uma realidade maior.

A existência não é opcional, mas uma imposição natural. O tempo pode provocar mudanças locais, mas não pode determinar um início nem um fim para o todo, porque não é independente, mas faz parte do tecido espaço-tempo formado na origem do Universo, como demonstra implicações da teoria da relatividade de Einstein.

Segundo o princípio da superposição quântica, algumas partículas subatômicas, como o elétron, podem estar em dois lugares ao mesmo tempo ou simplesmente desaparecerem de um lugar e apa-

---

[h] É a concepção de infinitos universos com suas próprias leis naturais e constantes físicas que dão origem a outros universos.

recerem em outro instantaneamente. Talvez a ação do tempo seja limitada para corpos com dimensões em escala quântica. O mesmo parece ocorrer com objetos em escalas astronômicas. As galáxias, vistas à distância, parecem estar congeladas no tempo. Como as galáxias são diminutas em relação ao Universo, deduz-se que o tempo não tem efeito significativo sobre o Universo visível, menos ainda sobre o Universo total e nenhum efeito sobre o Multiverso que, acredita-se, seja infinito. Portanto não houve uma criação nem haverá um fim, como sintetiza a máxima de Antoine Lavoisier: "Na natureza nada se cria, nada se perde, tudo se transforma".

– 15 –

Quando o Homem inventou suas primeiras máquinas voadoras, passou a questionar se haveria civilizações em Vênus e Marte com capacidade de viajar até a Terra. A Corrida Espacial não teve como único objetivo promover a competição entre os sistemas capitalista e socialista, mas também de responder aos receios humanos sobre vida hostil nesses planetas. Desde então, muitas sondas foram enviadas para escrutinar os planetas, satélites naturais e corpos celestes mais importantes do sistema solar a procura de vida. Com a descoberta de planetas em outras estrelas (exoplanetas) a partir da década de 1990, agências como a NASA, americana, e a ESA, europeia, intensificaram esforços para detectar vida extrassolar. Estaria próxima a resposta para uma das maiores questões da humanidade? Haveria civilizações avançadas observando a espécie humana secretamente? Os "discos voadores" seriam uma prova de artefatos alienígenas visitando a Terra? Haveria uma conspiração entre os governos mundiais para esconder uma relação entre alienígenas e humanos de alta patente?

ESTAMOS SOZINHOS NO UNIVERSO?

Nas linhas seguintes, respostas, mitos e verdades virão à tona sobre um dos temas mais controversos da atualidade: vida extraterrestre.

A ORGANIZAÇÃO DOS CORPOS CELESTES

Para melhor compreensão dos textos que seguem é importante relembrar como os corpos celestes se organizam no Universo.

Diferente do que muitos pensam, o Sol é somente mais uma estrela, considerada anã por grande parte dos astrofísicos. Mesmo assim é 1 milhão e 300 mil vezes maior que a Terra. Há estrelas até duas mil vezes maiores que o Sol. O fato do Sol parecer maior se dá por estar muito mais próximo da Terra que as demais estrelas.

Depois dos buracos negros supermassivos encontrados no centro das galáxias (1 para cada galáxia), as estrelas são os maiores corpos celestes, ao redor dos quais gravitam os demais corpos, inclusive outras estrelas. Para o conjunto formado pelo Sol e os corpos que o circundam, dá-se o nome de sistema solar.

Ao redor do Sol gravitam 8 planetas (Mercúrio, Vênus, Terra, Marte, Júpiter, Saturno, Urano e Netuno) com seus satélites naturais, exceto Mercúrio e Vênus, desprovidos de satélites. A Lua é o único satélite natural da Terra. Há planetas como Júpiter e Saturno que possuem dezenas de satélites. Plutão foi reclassificado como "planeta anão" porque, além de ser pequeno, não tem formação similar a dos demais planetas e sua órbita cruza a órbita de Netuno. Além de Plutão, há mais 4 planetas anões no sistema solar: Ceres, Haumea, Makemake e Éris.

Gravitam também ao redor do Sol milhões de pequenos corpos cujas dimensões vão de milímetros a dezenas de quilômetros chamados asteroides (formados por minerais e metais, com órbitas mais próximas de círculos e no mesmo plano das órbitas dos planetas) e cometas (compostos por rochas, poeira, gelo e gases congelados, com órbitas elípticas e, quase sempre, não alinhadas com as órbitas dos planetas).

O sistema solar possui também um cinturão de asteroides localizado entre Marte e Júpiter; um cinturão de corpos gelados, conhecido como Cinturão de *Kuiper*, localizado após Netuno; e, como fronteira final, bem mais distante, a Nuvem de *Oort,* que envolve todo o sistema solar como um globo, também composta por corpos gelados. Do Cinturão de *Kuiper* e da Nuvem de *Oort* procedem os cometas. Muitas outras estrelas formam sistemas planetários similares ao solar.

As estrelas se reúnem aos bilhões em grandes aglomerados chamados galáxias cuja forma mais comum é de um disco espiralado. Uma galáxia possui em média 300 bilhões de estrelas. O Sol encontra-se em uma galáxia de tamanho médio chamada Via Láctea. A parte observável do Universo, levando-se em conta a limitação dos telescópios atuais, possui em torno de 125 bilhões de galáxias. Mesmo sendo de tamanho descomunal, as galáxias estão tão distantes que apenas 3 podem ser vistas a olho nu: Andrômeda, pouco maior que a Via Láctea, com mais de 1 bilhão de estrelas; a Grande Nuvem de Magalhães, 20 vezes menor que a Via Láctea; e a Pequena Nuvem de Magalhães, 40 vezes menor.

As constelações são agrupamentos de estrelas visíveis quando se olha uma determinada região do céu, mas não estão necessariamente próximas umas das outras, algumas estão bem mais distantes. As constelações ajudam os astrônomos a situarem os astros no globo celeste.

Exobiologia

A Exobiologia ou Astrobiologia é a parte da ciência que estuda a origem, evolução, distribuição e o futuro da vida no Universo.

Em junho de 2018, a NASA publicou na revista *Science* resultados de 3 anos de análise da sonda *Curiosity* enviada à Marte em 2011. Os dados coletados revelaram a existência de material orgânico em rochas marcianas de 3 bilhões de anos pertencentes a um lago hoje extinto. Além desse material, a sonda demonstrou que a atmosfera de Marte apresenta metano, gás produzido na Terra principalmente por seres vivos e, em escala menor, por atividades geológicas.

Anteriormente, embora contestada por alguns especialistas, a NASA havia publicado fotos de possíveis fósseis de bactérias encontrados em uma rocha marciana que caiu na Antártica há 13 mil anos. A vida microscópica, se existiu em Marte, provavelmente não se desenvolveu como na Terra devido a dois eventos: um cataclismo que lançou milhões de toneladas de óxido de ferro em sua atmosfera e uma redução significativa na atividade geológica. Um planeta sem atividade geológica perde seu campo magnético e os ventos solares evaporam a água lançando-a para o espaço. Assim Marte tornou-se um lugar insustentável para a vida como a conhecemos. No sistema solar, além de Marte, há suspeitas de material orgânico no polo Norte de Mercúrio; em Ceres, no Cinturão de Asteroides; em Europa, um satélite de Júpiter; em Titã e Encelado, dois satélites de Saturno; e em Plutão.

Em dezembro de 2010, a NASA publicou a descoberta de uma bactéria incomum em um lago da Califórnia que substitui o fósforo por arsênio (substância altamente tóxica) em seu DNA, o que indica a possibilidade de vida extraterrestre baseada em elementos diferentes dos componentes do DNA terrestre.

O problema de se provar a existência de vida fora da Terra deve-se muito mais à falta de tecnologia para detectá-la do que à suposta impossibilidade de existência. Até o momento da publicação deste livro, foram descobertos 5108 exoplanetas orbitando cerca de 3779 estrelas[15.1]. Na estrela Kepler-90, por exemplo, foram encontrados tantos planetas quanto ao redor do Sol. Há estrelas sem planetas em sua órbita, enquanto há outras com, talvez, dezenas. Em média estima-se que para cada estrela haja um planeta, ou seja, o número de planetas no Universo visível é, aproximadamente, igual ao número de estrelas (125 bilhões x 300 bilhões). Esse número exageradamente grande de planetas é maior do que o número de grãos de areia de todas as praias da Terra. Na próxima oportunidade que estiver em uma praia, pegue um punhado de areia e tente, por alguns instantes, contar os seus grãos, depois estenda seus olhos para o tapete de areia da praia, assim perceberá o quanto de vida pode haver no Universo. É muito difícil acreditar que só um grão de areia possua bactérias vivas enquanto os outros 37,49 sextilhões são estéreis.

Ainda não é possível ver diretamente a grande maioria dos exoplanetas hoje descobertos. Até o momento, somente HR8799b, HR8799c, HR8799d, 51Eridanib e PDS70b foram visualizados por serem gigantes gasosos quentes. Mesmo assim, apenas suas silhuetas são visíveis. Da mesma forma que não é possível ver planetas e outras estrelas durante o dia, por serem ofuscados pela luz solar, exoplanetas também são ofuscados por suas estrelas. Algumas técnicas utilizadas para detectar exoplanetas que não são visualizados diretamente incluem o método de trânsito, o método de velocidade radial e o método de microlente gravitacional. O método de trânsito envolve a detecção de pequenas quedas periódicas no brilho de uma estrela causadas pelo trânsito de um exoplaneta em frente a ela. O método de velocidade radial mede as variações na velocidade radial de uma estrela causadas pela presença de um exoplaneta em órbita. E o método de microlente gravitacional observa o desvio da luz de uma estrela de fundo devido à gravidade de um exoplaneta em primeiro plano. Embora hoje não haja tecnologia para visualizar exoplanetas do tamanho da Terra, há previsões que na próxima década a teremos.

Alguns dizem que a chance de haver outros planetas com vida é de "uma em um milhão", como se esse número tornasse impossível a existência de vida extraterrestre. Se tal "chute" fosse verdadeiro, haveria em torno de 4 quadrilhões de planetas com vida no Universo visível, desses, 300 mil estariam na Via Láctea. Estimativas publicadas em novembro de 2013 pelos cientistas do projeto Kepler, da NASA, mostraram que na Via Láctea há em torno de 11 bilhões de planetas em condições de abrigar vida somente nas estrelas similares ao Sol. Se fossem adicionadas as estrelas anãs, esse número subiria para 40 bilhões[15.2].

O fato do sistema solar ter apenas um planeta comprovadamente com vida não torna a humanidade especial. Planetas muito dificilmente compartilham órbitas: ou se chocam e se fundem formando um único planeta ou se despedaçam formando algo semelhante ao Cinturão de Asteroides, ou ainda, um dos planetas expulsa os demais que tentam compartilhar a mesma órbita. A consequência disso é que, via de regra, a região habitável (faixa orbital em torno da estrela onde a água pode assumir o estado líquido) dificilmente é ocupada por mais de 1 planeta em cada sistema planetário. Civilizações isoladas crentes de serem únicas e especiais podem ser comuns.

UFOLOGIA

UFO é a sigla para o termo inglês *Unidentified Flying Object* cuja tradução é Objeto Voador Não Identificado (OVNI)[i]. A Ufologia ou Ovniologia é o estudo dos ufos ou óvnis. Os ufólogos acreditam que alguns óvnis são artefatos extraterrestres, embora praticamente todos os relatos sejam explicados por visualizações de aeronaves ou equi-

---

[i] Um acrônimo que vem sendo cada vez mais utilizado é UAP, do inglês *"Unidentified Anomalous Phenomena"*, ou Fenômeno Anômalo Não Identificado, o que torna o tema mais abrangente, envolvendo espaço, atmosfera e água.

pamentos humanos, fenômenos atmosféricos, astronômicos ou fraudes.

Etês visitando a Terra em naves que desafiam as leis da física – desde os bonzinhos do cineasta Steven Spielberg em *Contatos Imediatos do Terceiro Grau* e *ET o Extraterrestre*, até os violentos de *Guerra dos Mundos* e *Independence Day* – são tema inesgotável para autores de ficção científica. A possibilidade de vida em outros planetas é perfeitamente plausível pelo simples fato de haver vida aqui. Mas qual a probabilidade de um alienígena ter visitado a Terra? Infelizmente, para os aficionados no assunto, a resposta é: praticamente nula. Isso se deve a vários fatores, entre os quais destacam-se quatro:

1. A BARREIRA ESPAÇO-TEMPO

As distâncias astronômicas são tão grandes que estão fora de nossa capacidade imaginativa, medi-las em metros ou quilômetros é impraticável. A unidade de medida utilizada para distâncias dentro do sistema solar é a unidade astronômica (UA), que equivale à distância média que separa o Sol da Terra, cerca de 150 milhões de quilômetros. Dessa forma, a Terra está a 1 UA de distância do Sol; a Lua está a 0.0026 UA de distância da Terra; e o ultimo planeta do sistema solar, Netuno, está a 30 UA do Sol, ou seja, 30 vezes mais afastado que a Terra.

Muitas pessoas têm uma imagem falsa do sistema solar obtida de ilustrações dos livros de ciências e geografia do ensino fundamental, os quais mostram os planetas enfileirados em uma mesma página. Para se ter uma noção da real distância entre eles, se o Sol fosse desenhado com 7 centímetros de diâmetro (tamanho aproximado de uma bola de tênis) na margem esquerda de uma página de livro, a página teria que ter cerca de 8 metros de largura para que a Terra fosse representada por um ponto menor que um grão de areia na margem direita. Para desenhar Netuno como um círculo de aproximadamente 2 milímetros de diâmetro, a página precisaria ter 240 metros de largura. Agora, se quiséssemos desenhar a estrela mais próxima do Sol, *Próxima Centauri*, a página precisaria ter cerca de 2 milhões de metros de largura, e a estrela seria representada por um círculo de 1 cm de diâmetro. Observe o quanto o sistema solar é diminuto.

Para dimensões superiores às encontradas no sistema solar a UA se torna pequena, sendo mais adequado utilizar-se a unidade de medida ano-luz (a distância percorrida pela luz em 1 ano, aproximadamente 9.6 trilhões de quilômetros). Muitos experimentos científicos demonstram que nada é mais rápido do que a luz, cuja velocidade aproximada no vácuo é de 300 mil quilômetros por segundo.

Para se ter uma ideia, os 40 mil quilômetros de circunferência da Terra são cobertos pela luz em pouco mais de 1 décimo de segundo, ou seja, a luz dá 7.5 voltas em torno da Terra em apenas 1 segundo. Um avião comercial transcontinental leva em torno de 2 dias para dar apenas uma volta em torno da Terra. Para vencer a distância entre a Terra e a Lua (400 mil quilômetros) as naves do projeto Apollo levaram 3 dias, a luz leva 1.2 segundo, ou seja, a distância entre a Terra e a Lua é de 1.2 segundo-luz. A luz do Sol precisa de 8 minutos para percorrer os 150 milhões de quilômetros que o separa da Terra, ou seja, 150 milhões de quilômetros = 1 UA = 8 minutos-luz. A distância entre o Sol e Plutão é tão absurda que é de 5 horas-luz, a nave *New Horizons* precisou de 9 anos para chegar a Plutão. Para alcançar a nuvem de *Oort*, a luz do Sol necessita de 1 ano, ou seja, a distância entre o Sol e a nuvem de *Oort* é de 1 ano-luz. A estrela mais próxima do Sol, a *Próxima Centauri*, está a 4.2 anos-luz, onde um artefato humano necessitaria de 80 mil anos para chegar. A Via Láctea tem a aparência de um disco em espiral com diâmetro de 100 mil anos-luz, um artefato humano levaria aproximadamente 2.8 bilhões de anos para atravessá-la de uma borda a outra. A galáxia mais próxima da Via Láctea, Andrômeda, dista cerca de 2.54 milhões de anos-luz.

As galáxias mais longínquas detectadas até o momento distam em torno de 13 bilhões de anos-luz.

Curiosidade: se a criação dos céus e da Terra tivesse ocorrido há apenas 6 mil anos, como alguns teólogos acreditam com base nos estudos do livro de Gênesis, só seria possível ver uma pequena fração da Via Láctea, pois a luz de estrelas mais distantes ainda não teria chegado à Terra. No entanto, como conseguimos ver a luz de estrelas que estão bilhões de anos-luz de distância[j], isso sugere que o Universo tem bilhões de anos de idade.

As naves espaciais atuais são cerca de 30 mil vezes mais lentas que a luz. Mesmo com tecnologia capaz de aumentar a velocidade em centenas de vezes e de resolver as implicações desse aumento (morte de astronautas, danos a equipamentos etc.), viagens interestelares ainda seriam muito longas para o padrão de tempo humano. Como as leis da física são as mesmas para qualquer ponto do Universo, seres inteligentes de outros planetas teriam as mesmas dificuldades.

2. A GRANDE DEMANDA ENERGÉTICA

Muitos acreditam na existência de seres em outros planetas com tecnologia capaz de ultrapassar a velocidade da luz. O maior empecilho para essa façanha é a demanda energética. Para se ter uma ideia, o acelerador de partículas LHC (do inglês: *Large Hadron Collider*) ou Grande Colisor de Hadrons, necessita de energia equivalente ao consumo de uma cidade de 350 mil habitantes para acelerar minúsculas partículas subatômicas (prótons) a 99.97% da velocidade da luz. Segundo a teoria da relatividade, quanto mais um objeto se aproxima da velocidade da luz, maior se torna sua massa e mais ener-

---

[j] Através de um efeito natural conhecido como redshift é possível calcular as distâncias das galáxias mais longínquas com precisão.

gia será necessária para aumentar sua velocidade. Por isso os aceleradores de partículas nunca arremessam partículas subatômicas a 100% da velocidade da luz. Sempre que um novo e mais potente acelerador é criado para acelerar um pouco mais as partículas subatômicas, a energia demandada é multiplicada. Uma viagem à estrela mais próxima requer de uma nave com velocidade e tecnologia atuais, energia equivalente a toda energia produzida pela humanidade desde sua origem. Para uma nave atingir a velocidade da luz, é exigido mais energia do que a existente no Universo, pois sua massa se tornaria infinita e necessitaria de energia infinita para continuar a viagem. A grosso modo, viajar à velocidade da luz é como chegar à beira de um abismo onde acabam o tempo e o espaço, aplicar mais energia não faria diferença.

Cenas comuns nos episódios da série de ficção científica *Star Trek*, onde o capitão Kirk solicita à casa de máquinas o deslocamento da nave *USS Enterprise* em torções (dobras) múltiplas da velocidade da luz, não são sem base científica. A física teórica admite a possibilidade de se criar passagens chamadas "buracos de minhoca" ou "dobras espaciais" entre pontos distantes do Universo. Ufólogos acreditam que civilizações extraterrestres avançadas tenham conseguido tal feito.

Um buraco de minhoca aproxima dois pontos no espaço de tal forma que uma nave com velocidade inferior à da luz faria uma viagem equivalente a várias vezes a velocidade da luz entre esses dois pontos. Uma ilustração desse princípio seria dois pontos marcados em uma folha de papel aproximados pela dobra da folha. Mas os buracos de minhoca também esbarram na necessidade energética. Para se ter uma ideia, houve um grande temor entre leigos sobre a criação de um buraco negro (objeto similar ao buraco de minhoca) que engoliria a Terra no primeiro teste do LHC. Mas, segundo cientistas renomados como Stephen Hawking, se um buraco negro fosse criado pelo LHC, seria milhões de vezes menor que um grão de areia e duraria menos que um femtossegundo para se dissipar. Mesmo com toda sua potência, isso seria o máximo alcançado pelo LHC.

Outro problema do buraco de minhoca é que cálculos matemáticos sugerem que uma nave, ao percorrê-lo, seria submetida a temperaturas superiores às encontradas no centro do Sol. Além disso os efeitos gravitacionais poderiam dilacerar ou esmagar pessoas, equipamentos e a própria nave antes mesmo de entrarem no buraco de minhoca.

Civilizações extraterrestres teriam as mesmas dificuldades para produzir tecnologias capazes de transportar equipamentos e seres vivos a velocidades próximas a da luz ou através de dobras espaciais.

3. A BAIXA PROBABILIDADE DE SURGIR CIVILIZAÇÕES TECNOLÓGICAS

Pelas conclusões da Arqueologia e da Paleontologia, nunca houve seres inteligentes sobre a Terra capazes de desenvolver tecnologia além dos humanos. Mesmo hoje diversos grupos humanos ainda vivem em condições primitivas.

A natural evolução sofrida pelos seres vivos não tem como objetivo final a produção de inteligência como acreditam alguns. A Terra produziu mais de 5 bilhões de espécies durante sua existência de 4.6 bilhões de anos. Dessas, somente a humana foi capaz de obter tecnologia para enviar sondas a outros planetas do sistema solar e fazer viagens tímidas à Lua. Acredita-se que a Terra só terá capacidade de sustentar vida por mais 1 bilhão de anos, até lá dificilmente surgirá outra civilização além da humana. Se considerado o exemplo terrestre, da formação à extinção, a maioria dos planetas com vida nunca produzirá uma espécie inteligente, muito menos tecnológica.

4. O BAIXO SINCRONISMO ENTRE A EXISTÊNCIA DE DUAS OU MAIS CIVILIZAÇÕES TECNOLÓGICAS

Outro grande problema para que seres inteligentes de planetas distintos se encontrem ou se comuniquem, é a dificuldade de existência simultânea entre duas ou mais civilizações tecnológicas. Uma espécie sobrevive, em média, 4.5 milhões de anos antes de ser naturalmente extinta, um tempo muito curto para escalas astronômicas. Mesmo sendo uma espécie jovem, com cerca de 300 mil anos, o Homem é a última espécie do gênero *Homo* e apresenta forte tendência para abreviar a chegada de sua extinção através das armas nucleares, poluição e exaustão dos recursos naturais. Não seria diferente para civilizações de outros planetas com domínio da energia nuclear e consumistas como a nossa.

A maioria das estrelas não nasce nem morre simultaneamente e sua vida é de longa duração (entre 10 e 100 bilhões de anos, período que comporta até 22 mil extinções naturais). Nesse ambiente, civilizações tecnologicamente avançadas, florescerão e se extinguirão como flashes separados aleatoriamente por milhões ou até bilhões de anos. Imagine uma civilização avançada transmitindo mensagens através de ondas de rádio durante algumas centenas de anos antes de se autoextinguir. Uma outra civilização dificilmente florescerá de tal forma a coincidir com a passagem daquela transmissão pelo seu planeta. Dependendo de onde esteja localizada, as ondas de rádio poderão ter passado milhões de anos antes ou depois de sua existência. A velocidade das ondas de rádio (a mesma da luz) é tão insignificante para as distâncias astronômicas, que se uma mensagem de uma civilização for detectada por outra, só servirá para confirmar que ela existiu num passado distante.

Muitos acreditam que os últimos 60 anos, nos quais a humanidade vem direcionando suas antenas para o céu, é um tempo muito longo e que algum sinal já deveria ter sido detectado, mas, pelo contrário, é uma amostragem extremamente resumida. Captar uma mensagem extraterrestre nesse período seria como ganhar na loteria duas ou três vezes seguidas. Então por que insistir? Porque há uma possibilidade mínima e, por enquanto, não há nada melhor a fazer.

O uso de entrelaçamento quântico proporcionaria comunicação instantânea entre duas civilizações em qualquer local do Universo. Mas, mesmo que civilizações distantes dominem essa tecnologia, faz-se necessário que os equipamentos se toquem para poderem se entrelaçar e, esse primeiro momento, estaria limitado pela velocidade da luz, ou seja, uma das civilizações teria que enviar seu equipamento para o planeta da outra e trazê-lo de volta para concretizar o feito.

É possível ter existido civilizações em outros planetas olhando para o céu e se perguntando se estavam sozinhas no Universo enquanto sequer havia primatas precursores do ser humano sobre a Terra. Da mesma forma, novas civilizações extraterrestres poderão surgir fazendo a mesma indagação milhões de anos depois do gênero humano ter partido.

A probabilidade de que os deuses descritos nos livros sagrados das diversas religiões sejam alienígenas é muitíssimo baixa. Muita gente lucra com a curiosidade e ingenuidade alheias. Há uma gama de equipamentos acoplados aos telescópios orbitais Hubble, Kepler, TESS, James Webb, Euclid, entre outros, capazes de detectar elementos como o oxigênio e compostos como metano e fosfina em exoplanetas. Os dados colhidos até o momento são animadores e poderão revelar, num futuro próximo, a existência de vida em outros mundos. No entanto é remoto, ou mesmo impossível, um encontro com seres extraterrestres inteligentes, sendo os relatos de contatos alienígenas bastante questionáveis, quando não equivocados, fantasiosos ou fraudulentos.

As propulsões iônica, por laser e por hidrogênio interestelar são tecnologias promissoras para daqui a algumas décadas que possibilitarão o envio de sondas às estrelas mais próximas. Missões com os atuais foguetes a combustão levariam mais de 80 mil anos para se cumprirem. Com essas novas tecnologias, uma sonda realizaria uma missão para *Próxima Centauri* em torno de 24 anos. Um grande avanço, mas muito longe do ideal: seres humanos explorando *in loco* exoplanetas e confraternizando com civilizações extraterrestres após alguns dias ou horas de viagem. Contudo, não há dúvidas, se a civilização humana não se autoextinguir, explorará cometas, asteroides, satélites e todos os planetas do sistema solar. Viagens científicas, turísticas e de extração de recursos naturais serão corriqueiras num futuro não muito distante.

As principais agências espaciais têm realizado grandes esforços para encontrar vida fora da Terra com o fim de justificar tudo o que foi gasto e captar novos investimentos. Se a NASA se permite chamar a atenção do mundo para declarar a descoberta de supostos fósseis microscópicos em Marte, muito mais faria se pudesse apresentar um ser alienígena inteligente à humanidade. Por ora, os curiosos terão que se contentar com as teorias de conspiração do caso *Roswell*, e a humanidade, a curto e médio prazos, continuará se questionando: estamos sozinhos no Universo?

– 16 –

Por que ainda existem macacos se evoluíram para homens? Por que não se vê animais evoluindo? Por que não são encontrados seres vivos intermediários entre duas espécies? Esses são exemplos de questionamentos sinceros que merecem resposta.

Por Que Jesus Não Voltará e a Origem de Deus

POR QUE AINDA EXISTEM MACACOS?

A ideia de macacos virando homens teve origem na interpretação equivocada da frase "homens e macacos compartilham um mesmo ancestral primata" proferida pelo biólogo inglês Thomas Huxley. Para argumentar contra a teoria da evolução das espécies (TE), criacionistas passaram a fazer uma série de questionamentos tendo como base esse equívoco, não os princípios da TE.

Seres vivos, a nível de indivíduo, não se transformam em outros, exceto em mitos populares e ficção científica. As espécies evoluem, não os indivíduos. A evolução ocorre quando há alteração significativa no DNA das células reprodutoras (óvulo, espermatozoide, esporo, semente etc.) que conceda a um novo membro, ou linhagem, características não existentes nos pais. Se as novas características forem benéficas, o novo ser sobreviverá e se reproduzirá passando tais características à prole. Mas se forem prejudiciais (deletérias), ele morrerá e, obviamente, não deixará descendentes com as mesmas características.

Quando um agrupamento de seres vivos é isolado por barreiras geográficas do seu grupo original, as alterações genéticas ocorridas em alguns indivíduos desse grupo podem lhes beneficiar tornando-os mais competitivos e em maior número com o passar das gerações. Havendo escassez de recursos naquele ambiente, os indivíduos sem as novas características serão extintos por não suportarem a concorrência. Se a quantidade de novas características (microevoluções) forem significativas, o grupo passará a ser uma nova espécie geneticamente incompatível com a original.

Ainda que haja espécies cuja força é determinante para sua sobrevivência, não é a força o principal fator de preservação de uma espécie, mas a adaptação ao ambiente. Um animal menor e mais frágil pode superar uma escassez de alimentos que um mais forte e maior não suportaria por necessitar de mais provisão para sobreviver. Entre os vegetais não é diferente. Um cacto, por exemplo, tem maior probabilidade de sobreviver à escassez de água do que uma vitória-régia. A natureza elimina os menos adaptados ao meio ambiente, processo conhecido como "seleção natural".

Espécies anteriores não precisam necessariamente desaparecer para que outras surjam, entretanto espécies ancestrais acabam sendo extintas porque a evolução é dinâmica e incessante. Todas as espécies de aves, por exemplo, têm origem em um mesmo dinossauro. Cavalos, rinocerontes e antas compartilham um mesmo ancestral hoje extinto. Lhamas e camelos têm um mesmo antepassado. Onças, gatos, leões, linces e tigres tiveram origem num mesmo felino. Chimpanzés, bonobos, homens, orangotangos e gorilas compartilham o mesmo ancestral primata. Toda a diversidade de espécies contidas na classe dos mamíferos surgiu a partir de um réptil; a classe dos répteis, de um anfíbio; os anfíbios de um peixe; os peixes de um animal vermiforme; os vermiformes de um animal primitivo pluricelular; esse de uma colônia de protozoários; os protozoários de uma única célula viva; essa de uma protocélula que, por sua vez, teve origem em compostos orgânicos formados há bilhões de anos atrás.

Quando Darwin publicou *A Origem das Espécies* em 1859, não tinha a menor ideia do mecanismo primário regente de sua teoria. Após sua morte, com o achado dos esquecidos estudos de Gregor Mendel, o "pai da Genética", e a descoberta da estrutura do DNA na década de 1950, tais mecanismos vieram à tona. A TE se tornou praticamente unânime na comunidade científica e obteve o reconhecimento oficial da Igreja Católica: "A teoria da evolução é mais que uma hipótese" (João Paulo II).

A fusão entre a TE clássica, também chamada de darwinismo, a Genética tradicional de Mendel e a Genética populacional desenvolvida a partir da descoberta do DNA, deu origem ao "neodarwinismo", conhecido mais precisamente como a "Síntese Evolutiva Moderna".

Três exemplos de como alterações genéticas nas células reprodutoras podem modificar os seres vivos, são os casos de um menino chinês e outro indiano com muitos dedos extras, e a tribo africana Vadoma com apenas 2 dedos nos pés. Mutações podem ter como causa radiação, elementos químicos ou ação de vírus. Entretanto há outros processos genéticos além da mutação que contribuem para a evolução, como a transferência lateral, a duplicação gênica e o crossing over.

Como era de se esperar, as alterações genéticas podem ocorrer no DNA de quaisquer células, não exclusivamente nas reprodutoras. Quando ocorrem em células não reprodutoras de seres vivos já formados, mecanismos reparadores internos às células procuram implementar correção das partes modificadas, caso não consigam, as células realizam apoptose (autodestruição). Não ocorrendo a apoptose, o sistema imunológico entra em ação eliminando as células. Mas se o sistema imunológico – o último recurso – também falhar, o organismo não será transformado em outro. Se as alterações não forem neutras, ocorrerá disfunções nas células que se multiplicarão desordenadamente e darão origem a um câncer.

As microevoluções são as pequenas etapas de adaptação sofridas pelos seres vivos que levam à especiação, ou seja, ao surgimento de uma nova espécie. Alguns casos de microevolução foram registrados pela ciência, como o da roseira sem espinhos encontrada em um roseiral na Serra de Ibiapaba, divisa do Piauí com o Ceará, e de um pequeno lagarto[16.1] de Goiás que, nascendo com um crânio maior do que o habitual, pôde se alimentar de cupins e, assim, escapar da extinção.

A especiação é um processo muito longo para o padrão de tempo humano, contudo muitos animais carregam em si as evidências desse processo. Aves que possuem asas, mas não voam, revelam ancestrais voadores; o kiwi praticamente não tem asas e os pinguins as usam como nadadeiras. Fendas branquiais em embriões de mamíferos, inclusive do Homem, são vestígios de seus ancestrais marinhos. O osso cóccix humano e de grandes primatas é uma estrutura vestigial que representa uma cauda atrofiada presente na fase embrionária. As estruturas homólogas revelam que homens, baleias, morcegos e uma grande diversidade de animais, inclusos os extintos pterodátilos, compartilham uma mesma estrutura óssea herdada de um ancestral réptil.

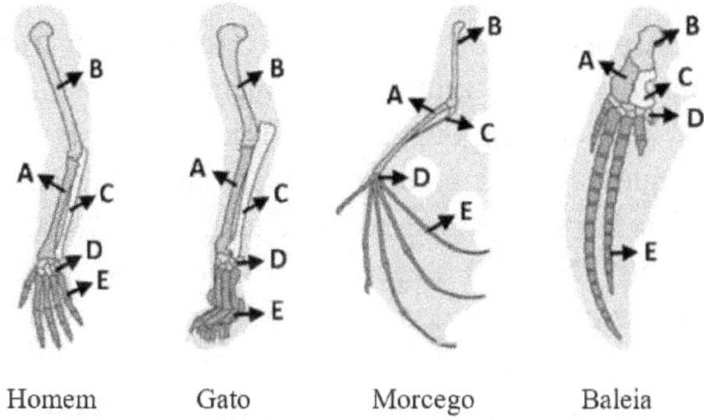

Estruturas homólogas - membro superior

O atavismo é o reaparecimento de características ancestrais em certos animais devido à reativação de genes "adormecidos", uma prova incontestável da TE. Humanos com rabo e golfinhos com pernas são alguns exemplos.

O material fóssil é também uma importante comprovação da veracidade da TE. A fossilização é um processo natural de preservação da estrutura petrificada de tecidos duros como os ossos dos animais e celulose dos vegetais. Há fósseis de baleias com quadril similar aos dos mamíferos terrestres, e de animais intermediários entre dinossauros e aves com mais de 100 características das aves modernas, inclusive penas. Mas por que não são encontrados fósseis de cada pequeno degrau da evolução de todos os seres vivos? Porque, apesar de terem sido encontrados milhões de fósseis de um grande número de espécies animais e vegetais, a fossilização não é um processo fácil de ocorrer. Uma infinidade de espécies passou pela Terra sem deixar nenhum registro de sua existência.

Para ocorrer uma fossilização deve haver um processo como soterramento ou mergulho em lama de um exemplar vivo, ou logo após sua morte, que evite o seu consumo por animais necrófagos, fato difícil de ocorrer. Posteriormente essa sepultura natural deve sofrer um processo de fusão de partículas para se transformar em solo rochoso, o que nem sempre ocorre. Finalmente, o terreno deve resistir à erosão. Assim uma fração mínima de espécies é fossilizada. Embora não se tenha os fósseis de todas as microevoluções ocorridas na Terra – porque a natureza não está a serviço do Homem para fossilizá-las – o material existente é suficiente para se traçar árvores evolutivas e identificar elos entre espécies modernas e primitivas. Centenas de fósseis de hominídeos como o *Australopitecus*, o *Homo habilis*, o *Homo erectus* e o *Homo neanderthalensis*, os quais lembram uma mistura de homens e macacos, foram encontrados na África e na Europa. Estes revelam uma clara evolução do gênero *Homo* do qual o Homem atual (*Homo sapiens*) faz parte.

A cronologia geológica é dividida em 4 grandes eras: Pré-cambriana[k], Paleozoica, Mesozoica e Cenozoica. Cada uma subdividida em períodos que, por sua vez, estão divididos em épocas. As atividades geológicas e as intempéries foram lentamente revolvendo o solo através das épocas, períodos e eras. Esse processo criou camadas onde os fósseis mais antigos, de animais e vegetais primitivos, são encontrados nas camadas mais profundas. Os fósseis mais atuais

---

[k] A Era Pré-cambriana é também considerada um superéon dividido em 3 éons que, por sua vez, possuem um total de 11 eras. A Era Pré-cambriana compreende os primeiros 4 bilhões de anos da Terra. As Eras Paleozoica, Mesozoica e Cenozoica juntas compreendem um período menor, em torno de 600 milhões de anos.

são encontrados nas camadas mais superficiais. Em terrenos antigos pré-cambrianos são encontrados fósseis de bactérias, algas marinhas e animais primitivos parentes dos artrópodes. Em terrenos paleozoicos é possível encontrar seres com maior complexidade como plantas terrestres com sementes, artrópodes, peixes, anfíbios e répteis. Nos solos mesozoicos são encontrados fósseis de plantas com flores, dinossauros, aves e os primeiros mamíferos parecidos com roedores. Nos terrenos da Era Cenozoica, a atual, são encontrados fósseis de baleias, cães, elefantes, morcegos, homens e todos os animais considerados modernos, mas, curiosamente, os fósseis de dinossauros não existem nesses solos.

Houve 5 extinções em massa ocorridas na Terra. A mais conhecida, embora não a mais mortal, foi a K-Pg que encerrou o reinado dos dinossauros e deu oportunidade para a proliferação dos mamíferos. Os dinossauros, juntamente com 75% de todas as espécies de seres vivos da mesma época, foram extintos há 65 milhões de anos devido a um cataclismo provocado por impacto de um asteroide de grandes dimensões.

Animais de grande porte e mais complexos, cujos fósseis são mais fáceis de encontrar, como dinossauros, elefantes e baleias, não são encontrados em terrenos antigos como os pré-cambrianos e paleozoicos. Entretanto fósseis mais difíceis de se detectar, como os de bactérias e algas, são encontrados em grande número nesses solos antigos, fato que sustenta a teoria de uma evolução gradativa dos seres vivos. Se apenas um fóssil de um animal moderno como, por exemplo, o de um gato, fosse encontrado em um terreno antigo pré-cambriano ou paleozoico, toda a TE desmoronaria.

Nos séculos XVIII e XIX, embora não tivessem equipamentos e métodos para medir o tempo geológico com precisão, os cientistas já viam a Terra muito mais antiga do que se imaginava. A formação de estalactites e estalagmites (pontas cônicas no teto e no solo das cavernas) pela deposição de material através de gotejamento, e o encurvamento de rochas pelo lento movimento do solo, entre outros fenômenos, apontavam para uma cronologia de milhões de anos. Somente em meados do século XX, com o estudo dos elementos radiativos como os isótopos de urânio, césio e carbono, entre outros, foi possível determinar com grande precisão as idades de materiais orgânicos e dos solos onde encontram-se os fósseis, técnica conhecida como datação radiométrica. Os elementos radiativos funcionam como relógios naturais capazes de revelar idades de algumas centenas até bilhões de anos. Dessa forma não só foi possível determinar a idade de materiais orgânicos e de fósseis, mas também a da própria Terra.

O comportamento desengonçado e a falta de higiene dos macacos, em seus corpos quase humanos, faz muita gente repudiar a ideia de um parentesco com eles. Basta um olhar pouco mais atento para se perceber que as características animais dos seres humanos são camufladas pela cultura. As fêmeas humanas menstruam como as fêmeas de várias espécies de caninos e primatas. Os pelos que recobrem todo o corpo humano são encontrados em praticamente todos os mamíferos. Os arrepios, devido à sensação de frio, são provenientes de um mecanismo biológico cuja função é aumentar a camada de ar quente sobre o couro dos animais de grande pelagem, mas permanece inutilmente no código genético humano. Como muitas outras espécies, o ser humano defeca, urina e faz sexo para sobreviver e se perpetuar. A existência de orelhas e mamas é uma forma de classificar o Homem entre os mamíferos, pois aves, répteis e anfíbios não possuem tais características. Pode-se listar uma infinidade de afinidades entre homens e animais que, inegavelmente, explicitam sua ascendência animal. A capacidade racional e emocional concedida pela natureza ao Homem o faz pensar, em sua ingenuidade e arrogância, que está classificado acima dos animais do mundo real e um pouco abaixo dos anjos do seu mundo imaginário.

Vivas ou fossilizadas, aqui foram citadas algumas das inúmeras evidências demonstradas pelos campos da Biologia, Paleontologia, Geologia e Genética que revelam a gradativa e contínua evolução de todos os seres vivos, inclusive do Homem e de seus parentes mais próximos, os macacos.

PARTE IV – ORIGEM E SUBSISTÊNCIA DE DEUS

Se a existência de Deus fosse evidente ninguém perguntaria: você acredita em Deus?

Alexandre Koncce

— 17 —

Imagine um raciocínio lógico que possa "falsear" a ideia Deus, ou seja, revelar se Deus é um ser real ou imaginário. Parece difícil, não? Mas em torno do ano 300 a.C. um filósofo grego chamado Epicuro conseguiu essa façanha com um raciocínio relativamente simples: *O Paradoxo de Epicuro.*

Por Que Jesus Não Voltará e a Origem de Deus

A LÓGICA, DEUS E O MAL
(O PARADOXO DE EPICURO)

Epicuro demonstrou que Deus só pode assumir, hipoteticamente, quatro posturas perante o Mal e em nenhuma delas pode gozar simultaneamente dos atributos realidade, bondade e onipotência, os quais são inerentes a Deus segundo a maioria das religiões, em especial as monoteístas.

Hipótese 1: "Deus quer evitar o Mal, mas não pode fazê-lo".

Observe que, se o Mal existe conforme afirmam as principais religiões, talvez Deus queira sim acabar com ele, mas não possa, "então não é onipotente", embora real e benevolente.

Hipótese 2: "É capaz de evitar, mas não quer".

Uma outra explicação viável para a existência do Mal, seria a de que Deus não quer seu fim, "então é malévolo", embora real e onipotente.

Hipótese 3: "Deus pode e quer evitar o Mal".

Esta é a postura sugerida pela teologia das religiões monoteístas. Mas se Deus quer e pode acabar com o Mal, Deus e o Mal não poderiam coexistir, "então por que o Mal existe?". Provavelmente porque Deus não existe: é bom e onipotente, mas não real. Mas se para atingir seus objetivos Deus precisa que o Mal permaneça por algum tempo, então pode ser real e bom, mas não onipotente.

Hipótese 4: "Deus não pode nem quer evitar o mal".

Alexandre Koncce

Nessa última hipótese, talvez o Mal ainda exista porque Deus não pode nem quer acabar com ele, ou seja, é real, mas não é onipotente nem benevolente. Então Epicuro conclui com uma pergunta retórica: "Então por que chamá-lo Deus?".

Centenas de anos mais tarde, passagens bíblicas sobre condenação e salvação apoiam o paradoxo de Epicuro. Na primeira carta a Timóteo, capítulo 2, versos 3 e 4, S. Paulo afirma que Deus *"deseja que todos os homens sejam salvos"*, mas em Mateus 25:41 e Apocalipse 14:11, Deus condenará grande parte da humanidade. O que melhor explicaria a incapacidade de Deus de cumprir sua vontade de salvar a todos senão a ausência de onipotência? Porque, sendo Deus um ser onipotente, concretizaria todas as suas intenções independentemente do livre arbítrio de suas criaturas.

A visão antropomórfica de Deus, apresentada pela religião, o limita a um grande homem que se perdeu no meio do cenário que criou, o isentando da responsabilidade de projetista de cada detalhe do Universo. Essa visão primitiva e simplificada da divindade leva os religiosos a apresentarem justificativas para a coexistência de Deus e o Mal. "Deus está preparando os seres humanos para um futuro com ele", "Deus está dando oportunidade para o Homem escolher entre o Bem e o Mal" são argumentos ingênuos e repetitivos apresentados nos púlpitos eclesiásticos. Como se um deus onipotente fosse incapaz de suscitar seres perfeitos sem submetê-los deliberadamente a todo tipo de erro, degradação, humilhação e sofrimento.

A questão da existência de Deus e do Mal é um grande equívoco da humanidade: o Homem naturalmente procura finalidade para tudo, o que o leva a personificar as manifestações naturais.

Não há nenhum raciocínio lógico capaz de inserir Deus entre os seres reais, somente a fé religiosa tem esse potencial. O problema é que a fé é responsável não só pela crença em deuses sofisticados, mas também em todos os outros deuses e superstições mais infantis possíveis. Faz multidões na Índia pensarem que ratos são reencarnações de seus entes queridos, e aborígenes das ilhas do Pacífico-sul adorarem os militares americanos da Segunda Guerra Mundial.

Se a fé religiosa, origem de tantos vacilos, enganos, ilusões e milênios de retardos, é digna de confiança, a lógica – um componente fundamental dos grandes avanços do conhecimento humano – deveria ser digna de maior status.

> Deus quer evitar o Mal, mas não pode fazê-lo? Então não é onipotente. É capaz de evitar, mas não quer? Então é malévolo. Deus pode e quer evitar o Mal? Então por que o Mal existe? Deus não pode nem quer evitar o Mal? Então por que chamá-lo Deus? (Epicuro de Samos, 341-270 a.C.).

– 18 –

Há um argumento que circula multiforme há séculos no seio da humanidade cuja estrutura básica é a seguinte: "na ausência de provas, o oposto é verdadeiro". Exemplo: "a existência de vida extraterrestre não foi provada, então não existe vida extraterrestre". Nesse exemplo, a ignorância sobre vida extraterrestre se passa por evidência, o que não é razoável. Há quem diga que os céticos também lançam mão desse argumento, pois alegam a inexistência de Deus por falta de provas, o que também não é verdade. O descrente se utiliza da falta de provas como uma das bases para sua descrença, não para afirmar a inexistência de Deus. Ou seja, "sem prova, sem crença" é diferente de "sem prova, sem existência". Para refutar a existência de Deus, o cético demonstra as contradições entre os atributos divinos e o mundo real como no caso do *Paradoxo de Epicuro* visto anteriormente.

ARGUMENTUM AD IGNORANTIAM: O PAI DOS ARGUMENTOS PRÓ-DEUS

Termo cunhado pelo filósofo John Locke no final do século XVII, o Argumento da Ignorância, do latim *Argumentum ad Ignorantiam*, também conhecido como "apelo à ignorância", é apresentado aos incautos com roupagens atraentes para fins apologéticos. Segue uma breve explanação dos três principais rótulos do argumento da ignorância e suas variantes, hoje amplamente aceitos no meio religioso:

O ARGUMENTO TELEOLÓGICO

A Teleologia é o estudo filosófico dos fins, isto é, do propósito, objetivo ou finalidade. Platão (428-347 a.C.) talvez tenha sido o primeiro filósofo a buscar uma finalidade para as coisas. Ele acreditava num mundo obediente à vontade de um demiurgo (deus-artesão). Aristóteles, seu contemporâneo, cria que o objetivo final de tudo era alcançar o Bem e que o ser humano tem como finalidade intrínseca a busca da própria felicidade[18.1]. No século IV, após o concílio de Nicéia ter estruturado o cristianismo como hoje é conhecido, as explicações onde tudo tem uma finalidade passaram a ser padrão para provar-se a existência de Deus. Entretanto, no final da Idade Moderna, houve uma mudança de tendência onde os adeptos do mecanicismo e do deísmo procuravam uma explicação não religiosa para a finalidade de tudo, sem considerar a existência ou não de Deus. Com a publicação de *A Origem das Espécies* em 1859, houve o início de uma crise de Deus como projetista na comunidade científica com seu ápice na descoberta da estrutura do DNA em 1953. Todavia, mesmo depois disso, existem aqueles que insistem em um argumento teleológico, fruto da combinação de teísmo e biologia, conhecido como "design inteligente" (DI). Alguns estão convencidos de que o DI é uma opção à teoria da evolução das espécies (TE) no ensino regular. Seria equivalente a ensinar nas faculdades de Medicina a "teoria da cegonha como alternativa à reprodução biológica" (Judith Hayes).

Os defensores do DI baseiam-se na suposta necessidade de um projetista inteligente para explicar a complexidade dos seres vivos. Mas estudos revelaram que 99.9% de todas as espécies de vida foram extintas[18.2] antes mesmo do gênero humano andar sobre a Terra. Teria o designer destas espécies falhado em seus projetos? A TE, praticamente unânime entre os cientistas (com raras exceções que permitem interferências ideológicas em seus julgamentos), demonstra com precisão uma evolução natural e gradativa como responsável pela complexidade dos organismos vivos.

O argumento teleológico ignora os mecanismos naturais que deram origem à vida e ao Universo, sendo assim derivado ou uma modalidade do argumento da ignorância.

O ARGUMENTO ONTOLÓGICO

Também conhecido como "argumento de Anselmo", foi publicado na década de 1070 por Anselmo de Cantuária, o Santo Anselmo. É objeto de grande controvérsia no meio filosófico até os dias de hoje. Foi defendido por grandes nomes como René Descartes e Leibniz, mas surpreendentemente combatido por religiosos como o monge Gaudino e São Tomás de Aquino.

O argumento ontológico defende a existência de Deus através da ideia de que "sendo um ser perfeito, tem que existir". Se é forçosa a existência de Deus porque é perfeito, então o imperfeito, do qual os humanos fazem parte, não deveria existir; o que é absurdo pois, se "eu duvido, logo *penso*, logo *existo*" (Descartes). A existência não é uma qualidade inerente à perfeição, assim como a inexistência não é à imperfeição. Kant, o principal filósofo da Era Moderna, defendia que a existência não é uma característica necessária para a perfeição.

Quando levado em consideração o conceito antropomórfico de perfeição pregado pelas religiões – onde o ser perfeito é extremamente sábio, poderoso, justo, bom e misericordioso – uma possível correlação entre perfeição e existência não seria direta, mas inversa, ou seja, quanto mais perfeição se espera de um ser, menos provável é sua existência. Exemplificando: "um homem extremamente sábio, justo, bondoso e de grande força física é mais difícil de existir do que um homem de sabedoria, justiça, bondade e força medianas". Aplicando esse princípio a uma escala de seres que vai do Homem a Deus, ou seja, da imperfeição à perfeição: "é mais fácil existir homens do que os deuses do politeísmo, porque, estando os deuses mais próximos da perfeição, são mais difíceis de existir; por sua vez, é mais fácil existir os deuses do politeísmo do que os anjos do monoteísmo, porque os anjos estão mais próximos da perfeição, portanto são mais difíceis de existir; de forma semelhante, é mais fácil existir anjos do que Deus, porque, sendo Deus absolutamente perfeito, não pode existir". Logo, para que Deus seja real, precisa de pelo menos uma imperfeição ou, se perfeito, precisa ser impessoal para ficar de fora da escala dos seres antropomórficos.

O argumento ontológico deriva da ignorância de que um ser perfeito não é, necessariamente, real.

O ARGUMENTO COSMOLÓGICO

Raciocínio utilizado por vários teólogos e filósofos ao longo dos séculos, desde a Grécia antiga com Platão e Aristóteles, passando pela Idade Média com São Tomás de Aquino, até à atualidade com William Craig e Richard Swinburne, o argumento cosmológico se baseia no seguinte raciocínio: "Cada ente possui uma causa que também possui uma causa e assim sucessivamente. Como não é possível recuar infinitamente numa série de causas, há uma causa primeira sem causa, a qual chamamos Deus".

Ora, se a regra é "cada ente possui uma causa que também possui uma causa e assim sucessivamente", por que a regra muda quando se chega em Deus? Dois pesos e duas medidas? Por que o Universo não pode ser a causa primeira?

Outro problema do argumento cosmológico é o estabelecimento de um limite temporal para a natureza: "não é possível recuar infinitamente numa série de causas". Todos os experimentos científicos realizados com a matéria revelam uma contínua transformação, nunca criação nem degeneração, portanto não se deve esperar uma causa primeira. Há teorias matemáticas com grande aceitação entre físicos que sugerem um Multiverso sem origem nem fim.

Uma terceira e última observação é acerca da fragilidade da máxima cosmológica: "há uma causa primeira sem causa, a qual chamamos Deus". Esse raciocínio nada mais é do que o "argumento do deus das lacunas", o qual prevê um deus como resposta para tudo aquilo cuja origem ou funcionamento se ignora. Einstein o descreve da seguinte forma:

> A doutrina de um Deus pessoal interferindo com os eventos naturais nunca poderá ser refutada pela ciência, pois essa doutrina pode sempre se refugiar naqueles domínios nos quais o conhecimento científico ainda não foi capaz de se firmar.

Em suma, o argumento cosmológico se baseia na ignorância de três fatos: (1) se toda causa necessita de outra causa, para Deus não é diferente; (2) a natureza não está limitada ao tempo, o tempo é apenas um componente desta; e (3) Deus é uma resposta provisória.

Argumentos religioso-filosóficos cuja função seja apoiar a existência de Deus, como o argumento do deus das lacunas, o teleológico, o ontológico, o cosmológico e o DI, são falácias embasadas em um único argumento-pai: o *Argumentum ad Ignoran-*

tiam. Porque a essência de todos é a ignorância parcial ou total sobre o funcionamento da natureza.

– 19 –

Amplamente utilizado pela apologia cristã, um raciocínio em forma de aposta concebido por Blaise Pascal (1623-1662), filósofo, físico e matemático francês, foi publicado postumamente em 1670 no livro *Pensées*. Não se trata de um argumento para provar a existência de Deus, mas para apoiar uma vida em conformidade com os preceitos cristãos que, segundo Pascal, é menos arriscada e mais vantajosa. Seria isso verdade?

A APOSTA DE PASCAL

No parágrafo 233, parte III, do livro *Pensées*, Pascal argumenta: "Deixe-nos pesar o ganho e a perda de apostas na existência de Deus. Vamos estimar essas duas chances: Se você ganhar, você ganha tudo; se você perder, você não perde nada. Aposta, então, sem hesitação que ele é". Em outras palavras:

- Se alguém crê em Deus e ele existir, terá lucro (salvação);
- Se crê e ele não existir, não terá prejuízo;
- Se não crê e ele existir, terá prejuízo (condenação);
- Se não crê e ele não existir, não terá prejuízo.

Dessa forma julga-se que a aposta de Pascal é vantajosa para o crente, pois nunca haverá possibilidade de ter prejuízo e 50% de chance de obter lucro. Já o descrente não tem chance alguma de lucro e ainda tem 50% de chance de ter prejuízo. Segue a distribuição em percentagem das probabilidades de lucro, prejuízo e sem prejuízo para crente e descrente:

APOSTADOR	LUCRO	PREJUÍZO	SEM PREJUÍZO	TOTAL
Crente	50%	0	50%	100%
Descrente	0	50%	50%	100%

Infelizmente a aposta de Pascal não considera que um cristão sincero e honesto ficaria decepcionado ao saber que dedicou sua vida a uma ilusão. O cristianismo demanda abstinência, tempo, energia e dinheiro, o que seria prejuízo com a inexistência de Deus. Pascal considerou que a vida ao estilo cristão vale a pena mesmo não havendo salvação no final. Mas não é o que a própria Bíblia demonstra quando prevê tribulação, angústia, tristeza e até mesmo a morte por causa da fé, uma vida que ninguém escolheria se soubesse que Deus não existe. S. Paulo afirma que melhor seria aproveitar a vida de outra forma se Jesus não tivesse ressuscitado (I Coríntios 15:14-34), mais trágico ainda é se Deus não existir.

Levando em consideração o novo contexto, a probabilidade de "sem prejuízo" do crente passa de 50 para 0%, enquanto a probabilidade de "prejuízo" passa de 0 para 50%. Sua probabilidade de "lucro" permanece em 50% se Deus existir. De forma similar, a probabilidade de "lucro" do descrente passa de 0 para 50% por não ter vivido uma ilusão ao rejeitar o cristianismo caso Deus não exista. Sua probabilidade de "sem prejuízo" passa a ser 0 e de "prejuízo" permanece em 50% caso Deus exista. Segue o novo quadro da aposta entre crença e descrença numa situação mais realista:

APOSTADOR	LUCRO	PREJUÍZO	SEM PREJUÍZO	TOTAL
Crente	50%	50%	0	100%
Descrente	50%	50%	0	100%

Outro fator importante ignorado por Pascal, talvez induzido pela falta de uma visão global comum em sua época, é a admissão de vários deuses pela cultura humana. Se o deus cristão não for o certo, o crente ficará em situação difícil ao se deparar no fim de sua jornada com um deus tão intolerante e cruel quanto Jeová como, por exemplo, Alá. Desse modo Pascal formulou uma falsa dicotomia, pois há um leque de possibilidades de acordo com as diversas crenças humanas.

Se, para efeito de cálculo, fosse levado em consideração que a humanidade acredita em apenas 5 deuses (sabe-se que são milhares), a probabilidade do crente estar se dedicando ao deus verdadeiro é de 20%. Tendo como justo para crentes e descrentes a probabilidade de 50% para a existência ou não de algum deus, a probabilidade do crente crer no deus verdadeiro cai para a metade (10%). Só restará ao crente mais uma opção, o prejuízo, cuja probabilidade é de 90%.

Relembrando: não há qualquer possibilidade de "sem prejuízo" para o cristão se Deus não existir, porque, conforme a Bíblia, é prejuízo viver nos padrões bíblicos sem a existência de Deus.

Já para o descrente, não há qualquer mudança em relação ao quadro anterior porque não crê em nenhum dos 5 deuses possíveis. Levando em consideração as duas condições que Pascal ignorou, segue as novas probabilidades:

APOSTADOR	LUCRO	PREJUÍZO	SEM PREJUÍZO	TOTAL
Crente	10%	90%	0	100%
Descrente	50%	50%	0	100%

Partindo de uma visão mais próxima da realidade, ao contrário do que Pascal acreditava, o crente corre mais risco de prejuízo que o descrente.

– 20 –

Você já parou para pensar por que um religioso acredita na existência de Deus sem nunca tê-lo visto, conversado ou tocado nele? Por que passa praticamente a vida toda sem questionar sua existência? O que lhe leva a ignorar argumentos lógicos sobre sua crença tratando-se de um assunto que lhe consome preciosos tempo e recursos financeiros?

Por Que Jesus Não Voltará e a Origem de Deus

POR QUE RELIGIOSOS IGNORAM ARGUMENTOS RACIONAIS

Todos sofrem condicionamento cultural desde muito cedo para serem úteis à sociedade a fim de obter direitos sobre os bens e serviços produzidos por ela, a religião é parte dessa cultura. Muitos religiosos devotos costumam alegar que aprenderam sobre Deus somente quando adultos a partir de um chamado divino à conversão. Argumentam nunca antes ter parado para pensar nele. Essa sensação ocorre porque, a fim de tornar a conversão uma experiência singular e sobrenatural, o religioso ignora inconscientemente seu contato, desde a tenra infância, com a cultura religiosa que permeia toda sociedade. Datas comemorativas como o Natal e a Páscoa são exemplos dessa experiência. Crianças não pensam em Deus espontaneamente nos primeiros anos de vida, mas passam a crer seguindo exemplos no convívio social e familiar. Pais, responsáveis e instrutores transmitem aquilo que também aprenderam na infância. Faz parte da natureza infantil acreditar nos progenitores ou responsáveis devido à autoridade que exercem, mesmo na ausência de provas. Nesse contexto, a criança "decide" – para toda a vida – crer na existência do deus que sua sociedade prega, seja o deus cristão, mulçumano ou qualquer outro menos potente.

Outros, quando questionados sobre sua crença em Deus, tentam sem sucesso uma explicação lógica para justificá-la. Citam, por exemplo, a falta de resposta para a origem do Universo ou da vida, como se a escassez de informação provasse alguma coisa além da própria ignorância humana. Mas há os que admitem, corretamente, uma crença não fundamentada na razão, mas na fé, sentimento que, segundo eles, prova a existência de Deus.

Grande parte dos religiosos necessita de doses frequentes de emoção encontradas principalmente nas reuniões de culto, com a finalidade de preservar sua fé e evitar o retorno ao estado natural da descrença. As religiões manipulam basicamente três sentimentos para manter a fidelidade dos adeptos: medo, amor e esperança. O principal é o medo, rotulado por "respeito" para não transmitir uma imagem déspota da divindade. Devido à origem emocional da fé religiosa, dificilmente uma pessoa deixará de crer se não sofrer um choque emocional que lhe leve à reflexão. O oposto também é verdadeiro. Muitos casos de céticos aderindo a uma religião, assim como de religiosos migrando para outra fé, são marcados por comoção emocional. Morte de ente querido, crise financeira e doença grave são alguns motivos pelos quais muitos reavaliam seus princípios e se tornam suscetíveis a novos pontos de vista.

Em suma, a crença na existência de Deus reside em memórias emocionais formadas na infância, não em princípios lógicos e racionais adquiridos durante a vida. Desta forma, na fase adulta, o religioso se torna incapaz de avaliar argumentos racionais acerca da inexistência de Deus. Quando um choque emocional danifica tais memórias do tempo de criança, essa "imunidade" é quebrada e o crente passa a reavaliar suas convicções. Não foi sem fundamento que Sigmund Freud declarou: "A religião é comparável a uma neurose da infância".

– 21 –

existência de Deus é um assunto controverso que se arrasta por milhares de anos no seio da humanidade. Solicitar provas de quem nega sua existência é uma prática comum dos religiosos. Em contrapartida os céticos atribuem o ônus da questão aos religiosos por trazerem um ser incomum ao mundo: "Se um pescador diz ter visto um peixe de três cabeças e insiste que as pessoas precisam acreditar nele, se obriga a apresentar provas por ter suscitado a questão. Por outro lado, quem não crê no pescador está isento de apresentar provas para sua descrença, por não ter gerado a controvérsia". Esse argumento é razoável, mas a complexidade do mundo oferece apoio aos religiosos.

TRÊS MOTIVOS PARA CRER EM DEUS

Fatos de difícil entendimento, quando bem manipulados, são aceitos como prova da existência de Deus pela maioria. Essa passa a hostilizar os descrentes e impor padrões de comportamento social com base em suas crenças. Resta aos céticos, em defesa da liberdade religiosa e de pensamento, a demonstração da inconsistência dessas provas. Mas isso não é uma tarefa fácil devido a três importantes motivos:

SERES IMAGINÁRIOS NÃO PRODUZEM PROVAS

Uma característica inerente a qualquer ser imaginário é a incapacidade de produção de provas contra ou a seu favor. Seres reais deixam marcas, registros, impressões, rastros, vestígios. Curiosamente Deus, por mais real e poderoso que pareça, tem as mesmas características dos seres imaginários. Por isso não é possível provar diretamente tanto a existência quanto a inexistência de Deus. Para compensar sua ausência e a falta de evidências, os religiosos precisam de templos, estátuas, escrituras em pergaminhos, tábuas e papiros com histórias de um passado distante de difícil refutação ou com previsões sobre um futuro incerto onde as pessoas do presente não poderão estar para testemunhar seu cumprimento ou falha. Necessitam acreditar em fortes sentimentos como provas da ação divina. Ignoram que há pelo menos 50 substâncias químicas produzidas pelo corpo, como a adrenalina, a dopamina e a serotonina, cuja ação provoca fortes emoções exploradas inconscientemente pelas religiões.

Mesmo o potente empirismo científico encontra-se impossibilitado para provar, de forma direta, a existência ou não de Deus por estar alicerçado nas premissas "experimentação, observação e conclusão", as quais só podem ser aplicadas a entidades reais. O deus Shiva, assim como Jeová e Alá, nunca teve sua existência comprovada, no entanto é objeto de fé de 750 milhões de hindus. Já os deuses Zeus, Apolo e Afrodite, apesar de nunca terem sua inexistência provada, caíram no esquecimento das petições humanas.

Alguns parecem querer o corpo morto de Deus aos seus pés para admitir sua inexistência. Todavia há inúmeras provas indiretas, muitas evidências materiais e factuais que descartam a existência dos deuses de qualquer religião. Um exemplo, entre muitos, está na refutação da crença bíblica onde Deus criou o Universo e a vida em seis dias através de intervenções sobrenaturais. Uma aposta na incapacidade humana da época de se chegar à verdade. Hoje, com o avanço científico, não poucas descobertas demonstram que a formação do Universo, da Terra e da vida ocorreu naturalmente em períodos de milhões de anos. Se existe um deus criador, o fez sem infringir ou interferir nas leis físicas e biológicas. O deus bíblico, assim como os demais, não deixou "assinatura" nas obras realizadas pela natureza. Até o mínimo fenômeno tem causas naturais consecutivas que remontam bilhões de anos sem qualquer interferência de uma mente superior. Porém, na presença de provas indiretas que negam sua existência, muitos preferem continuar apostando em Deus baseados em dois outros motivos.

IGNORÂNCIA

Não obstante muitos cientistas e uma significativa quantidade de pessoas com bom nível de conhecimentos gerais sejam religiosos fervorosos (o que será explanado mais adiante), um dos principais empecilhos para a compreensão da inexistência de Deus é a ignorância humana sobre si e a natureza. Pessoas com níveis elevados de conhecimento acadêmico e acesso à educação de qualidade são propensas ao agnosticismo e ao ateísmo, enquanto as com pouca instrução são propensas ao teísmo. Pesquisas realizadas entre cientistas e populações de diversos países revelam essa tendência. Menos de 7%

dos membros das academias americana e britânica de ciências acreditam na existência de um deus pessoal[21.1]. Na França, país com sistema educacional eficiente, 40% da população não crê em divindades. No Japão, 65%. Na Suécia, com analfabetismo zero, 82% das pessoas não acreditam em um deus pessoal. Porém o Brasil, com sistema educacional deficiente e 20% de analfabetos funcionais, apresenta 93% de religiosos[21.2]. Índices parecidos são encontrados em praticamente todos os países subdesenvolvidos e emergentes onde a educação não é prioridade.

Por que o conhecimento científico torna muitas pessoas agnósticas ou ateias e, por outro lado, a ignorância as torna crentes? Porque as religiões alegam a existência de um deus interventor do mundo material, mas quando comprovado cientificamente que as supostas intervenções são eventos naturais, quem detém conhecimento suficiente para entender as explicações científicas deixa de acreditar nas "provas" e, consequentemente, em Deus.

Mas por que há cientistas e pessoas cultas crentes em divindades? Porque a crença no sobrenatural não se fundamenta somente na ausência de provas e na ignorância.

CATIVEIRO EMOCIONAL

O terceiro e mais importante motivo que impede o reconhecimento da inexistência de Deus, é o cativeiro emocional. O Homem é resultado de mais de 300 mil anos de evolução em agrupamentos tribais onde a população dificilmente ultrapassava 120 membros. Nesses grupos diminutos, a execução ou banimento de indivíduos criminosos ou antissociais eram métodos simples e eficazes para manter-se o controle social. Sobreviver ao isolamento no mundo selvagem do passado era praticamente impossível. De outro lado, crianças e jovens que duvidavam dos riscos de sair dos limites da aldeia sem a supervisão dos adultos, perdiam a vida e, logicamente, não deixavam descendentes com as mesmas características. Através das seleções natural e artificial, amor, lealdade e submissão à comunidade, aos costumes, às crenças e aos líderes se tornaram características biológicas humanas.

O sucesso das aldeias devido à sedentarização proporcionada pela invenção da agricultura e domesticação dos animais, há 12 mil anos, propiciou o surgimento das civilizações com suas religiões. Os líderes religiosos atuais, imitando os fundadores primevos, alegam representar um deus desejoso de uma relação familiar com os fiéis. Nesse contexto, Deus assume a figura de pai amoroso, porém, rígido, onde medo (rotulado por respeito), esperança, confiança e amor são exigidos. Mesmo pessoas com bom nível intelectual, depois de perceberem que fatos naturais demonstram a inexistência de Deus, se recusam a aceitá-los devido à manipulação de seus sentimentos e instintos tribais. Há quem pense possuir uma fé autônoma porque não frequenta igrejas nem se submete a líderes eclesiásticos, esquecendo-se de que suas crenças têm origem em literaturas sagradas concebidas por formadores de opinião.

A Psicologia contemporânea revela que muitas pessoas com um QI elevado podem ter déficit de inteligência emocional, o que as torna vulneráveis a diversas ideologias. O cativeiro emocional pode ocorrer em qualquer relação entre indivíduos com perfil dominador e pessoas emocionalmente imaturas, independentemente do nível de conhecimento acadêmico que possuam.

Observar as exóticas, irracionais e mirabolantes religiões de outros povos e perceber quanto seus membros são fervorosos e convictos, pode suscitar importantes questões ao crente: do ponto de vista das demais religiões, minha crença não seria também absurda? Estaria eu enganado como os milhões de membros das outras religiões? Se multidões seguem religiões "erradas", o que me garante seguir a "correta"? Sou especial em relação às demais pessoas? Se estas e outras questões forem sinceramente formuladas, o crente avançará na compreensão do que lhe mantém cativo. Ao surgirem dúvidas, não é conveniente procurar abrigo emocional na religião professada. Certas ou erradas, todas são convincentes; caso contrário, não teriam tantos adeptos. Um bom início para entender a inexistência divina seria pesquisar e avaliar o máximo de informações de outras fontes. A filosofia e, principalmente, a ciência, embora não tenham como objetivo combater ou apoiar a existência de Deus, fornecem material para refutar seres imaginários, dissipar a ignorância sobre o mundo natural e libertar do cativeiro emocional, os três pilares da crença em Deus.

$-22-$

De onde veio Deus? É eterno como afirmam as religiões ou tem uma origem desconhecida em algum ponto do passado? Essa é uma questão acima da compreensão humana ou uma investigação minuciosa revelaria sua origem? Descobertas científicas e conhecimentos gerais amplamente difundidos por meio do ensino regular, internet e mídias diversas tornaram possível ao homem comum hodierno responder a essas questões como nunca antes na história da humanidade. No entanto tradições milenares mantêm as massas crendo que as divindades são inescrutáveis.

Por Que Jesus Não Voltará e a Origem de Deus

A ORIGEM DE DEUS

Para se entender a origem de Deus faz-se necessário primeiramente compreender a própria natureza humana.

Todos os seres vivos têm como imperativos a preservação da vida e a perpetuação dos genes. Cada organismo possui características que lhe permite sobreviver em seu ambiente. Entre diversas ferramentas de sobrevivência, uns desenvolveram venenos; outros, camuflagem; outros ainda, asas e garras; o ser humano desenvolveu a mais eficiente: a razão. Essa lhe permite adaptar o ambiente a si, minimizando a necessidade de se adaptar ao ambiente.

A razão é fruto de um cérebro totalmente dependente de sensores de estado conhecidos como "sentidos" e "sensações". De um lado os sentidos da visão, audição, olfato, paladar e tato informam ao cérebro o estado do ambiente e das outras entidades. Do outro lado as sensações de fome, dor, sede, calor, frio, etc., informam o estado do próprio organismo. A partir do confronto dessas informações, o córtex cerebral efetua "simulações" onde situa seu organismo e outras entidades em ambientes mentais. O cérebro testa diversas possibilidades para tomar ações imediatas ou programá-las com até anos de antecedência. As simulações mentais são comumente conhecidas como pensamentos, imaginação, sonhos e pesadelos.

Além da capacidade de simular, o Homem possui sentimentos que são "impressões" dos sentidos e das sensações guardadas no cérebro, como se fossem "cópias virtuais". Para a preservação da vida, a impressão mais importante é o medo, cuja sensação equivalente é a dor. Com base no medo o Homem, assim como a maioria dos animais, antecipa a dor e decide praticamente tudo referente à sobrevivência.

Dois mecanismos de defesa – o "reconhecimento de intenção" e o "reconhecimento de face" – existentes em muitos animais, entre os quais o Homem, são responsáveis por um fenômeno psicológico conhecido como "pareidolia": a detecção de faces e vozes onde não há.

Alguns pássaros insetívoros são capazes de identificar faces para se proteger de predadores como as aves de rapina. Há borboletas "premiadas" pela natureza com asas mimetizadoras de grandes olhos. Os pássaros insetívoros, ao confundi-las com aves de rapina como as corujas, afastam-se delas. Nesse exemplo, como num "efeito colateral", o mesmo mecanismo que evita a morte do pássaro faz com que ele perca seu alimento, a borboleta.

Na Era da Selvageria, antes da Barbárie e da Civilização, o Homem ainda não havia inventado a agricultura nem domesticado animais. Vivia exclusivamente da caça e da coleta. Devido à necessidade de competição com feras da megafauna, como o tigre-dentes-de-sabre, e com tribos rivais (que não só disputavam a mesma caça, mas praticavam o canibalismo), a vida era uma experiência de constante alerta. Durante as buscas por alimentos, a fim de antecipar fuga ou reação, era crucial reconhecer faces em meio à vegetação e julgar se ruídos e movimentos eram causados por manifestações não vivas (vento, chuva, queda de frutos etc.) ou por agentes dotados de intenção como predadores, presas e membros de outras tribos. Similar ao que ocorre com os pássaros insetívoros, a pareidolia, somada à capacidade de simulação mental, causaram um "efeito colateral" à espécie humana conhecido como "antropomorfismo". Em um ambiente primitivo e inóspito, um equívoco que leve à perda do alimento é um resultado melhor que a morte. Porém, quando as falhas de percepção foram adotadas como verdades absolutas, deu-se início a um dos maiores problemas enfrentados pela humanidade até os dias de hoje.

Sem limites aparentes, a mente humana simulou todo tipo de seres e ambientes a fim de se preparar para um confronto futuro com quaisquer tipos de ameaças. Formulou lugares prazerosos como o paraíso ou tenebrosos como o inferno. Projetou seres poderosos e invisíveis, mas curiosamente visíveis nas simulações, porque nelas não há impossível. Não é surpresa deuses extremamente adaptáveis a quaisquer situações, infringindo os limites físicos, racionais, lógicos, morais e éticos. Perversos em algumas circunstâncias, castigando e ordenando o massacre de multidões, ou misericordiosos como pais amorosos, prometendo perdão, riqueza e vida eterna. Ora semelhantes a assassinos passionais, matando ou condenando ao fogo eterno quem não corresponde ao seu amor doentio; ora parecidos a compassivos maridos perdoadores de esposas adúlteras. Impotentes para evitar uma tragédia alheia, mas capazes de criar planetas e até o Universo para seu próprio prazer.

Por mais grandiosos que sejam, os deuses e seus habitats sempre obedecerão às leis das simulações mentais humanas: céu e inferno são os campos de prova; deuses, anjos e demônios são os organismos predadores mais eficientes possíveis. O córtex cerebral se põe nesse campo de batalha e busca formas de sobrevivência. Mas a impossibilidade de fugir ou destruir seres dessa magnitude o leva às únicas alternativas plausíveis: apaziguá-los (oferendas e obediência) ou fazê-los confrontar-se (Bem vs. Mal, Deus vs. Satanás, anjos vs. demônios) na esperança de aniquilar o adversário. Como as informações processadas no cérebro, sejam reais ou simuladas, têm a mesma natureza – conexões neurais – imaginação e realidade confundem-se nas mentes desprecavidas. Uma vez que a imaginação naturalmente precede a investigação, o mundo imaginário antecipou-se à capacidade humana de entender o mundo real arrastando a humanidade para as cadeias religiosas desde os tempos mais remotos. Embora agora se tenha no conhecimento científico uma eficiente ferramenta de libertação, sua assimilação é tão difícil quanto a ingestão de um remédio amargo.

O mundo sobrenatural é limitado por figuras naturais porque não há uma realidade transcendental a ser revelada além daquilo que os sentidos e sensações coletam do mundo real. Paraíso e inferno são baseados em jardins, céu, fogo e enxofre. Registros antigos como João 4.24 revelam a crença em um Deus invisível feito de ar (gr.

pneuma, lat. *spiritus*). Para o Homem não há ser mais ameaçador do que ele mesmo; por isso deuses, anjos e demônios possuem corpos antropomorfos com partes zoomórficas, como cabeça de chacal, chifres e asas de morcego. No livro sagrado judaico-cristão o homem foi criado à imagem e semelhança de Deus numa visão invertida da realidade, pois "o homem é a medida de todas as coisas" (Protágoras, 487-420 a.C.).

Assim os seres sobrenaturais, incluso Deus, foram criados e passaram a ser amados, adorados e temidos pela notável, mas ingênua, espécie humana.

PARTE V – REFLEXÕES FINAIS

Só há um lugar onde tudo é possível: na imaginação.

– 23 –

Há algum tempo, uma menina de 6 anos de idade foi sequestrada do próprio lar, estuprada e assassinada. Foi possível ver uma foto parcial do corpo mutilado em um jornal local sensacionalista de grande circulação. É terrível pensar nos momentos de agonia nos quais a criança lamentava a ausência dos pais e o quanto eles sofreram se culpando por não terem evitado essa tragédia. Depois da experiência degradante do estupro, a menina foi morta com 16 facadas desferidas pelo agressor. Amordaçada, a criança tentava inutilmente se defender com seus bracinhos frágeis, que também eram cortados a cada tentativa de impedir as próximas perfurações. O tremor, o sofrimento, as dores, o terror e o desespero aos quais esse inocente e indefeso ser foi submetido são humanamente inconcebíveis. O que ultrapassou todos os limites morais, mas encarado com naturalidade por grande parte da sociedade religiosa, foi alguns dizerem que os pais cometeram algum pecado grave para Deus permitir tal atrocidade. Não nos enganemos, tais religiosos não falaram por si, mas orientados pelo cerne da doutrina cristã: a Bíblia.

POR QUE DEUS PERMITE ASSASSINATOS DE CRIANÇAS

Aqui não se intenciona culpar Deus pelas mazelas humanas, pelo contrário, dá-se uma oportunidade para justificar ou, pelo menos, explicar sua aparente omissão perante toda a violência produzida por suas criaturas.

Não poucos seres humanos pecadores e egoístas, presenciando esse crime, interviriam pondo em risco a própria vida. Mas o que levou Deus, Jesus e os anjos, seres mais justos, amorosos, misericordiosos e potentes a não intervirem? O que faz Deus abandonar à miséria e à violência inocentes que mal iniciaram a infância, enquanto mantém impunes por toda uma vida estupradores, assassinos, traficantes de drogas, pedófilos, políticos corruptos, líderes religiosos charlatões e criminosos em geral?

Certo crente disse que talvez Deus tenha permitido o assassinato da menina para evitar que se tornasse uma prostituta no futuro. Alguém lhe respondeu que métodos brutais não são admissíveis para um deus sábio e misericordioso, pois medidas socioeconômicas de auxílio a famílias desestruturadas seriam um melhor e menos doloroso começo para resolver o problema da prostituição. Outra falha desse raciocínio é que, se Deus mata as prostitutas antes de virem a ser, a prostituição seria um tema desconhecido da humanidade. Mas se para Deus a morte é inevitável, por que não uma forma digna como, por exemplo, uma parada cardíaca indolor durante uma tranquila noite de sono? Entretanto se ele tem prazer em ver crianças desesperadas sendo estupradas e diláceradas, sua omissão nesses casos é plenamente justificada.

Outro argumento dos religiosos para justificar a imparcialidade de Deus perante crimes graves é o do "livre arbítrio" humano. O grande problema deste argumento é que de um lado está o criminoso investido de poderes para matar ou deixar viver e, de outro, a vítima sem poder optar entre a vida e a morte, ou seja, somente ao assassino é dado o direito ao livre arbítrio.

Alguns dizem que não se deve contestar a justiça divina porque está acima da humana. Ora, se o senso de justiça humano está abaixo do divino, não seria possível considerá-lo justo. Em última instância, há os que dizem que "Deus sabe o que faz", como se tivesse o direito de ser imoral porque ninguém pode pô-lo no assento dos réus pela posição suprema que ocupa. Seria preocupante, ou mesmo desesperador, fazer parte de um seleto grupo de pessoas moralmente corretas vivendo na companhia eterna de uma divindade déspota, truculenta e imoral.

Embora difícil de ser assimilada pela maioria, só há uma resposta satisfatória para a omissão de Deus perante torturas e assassinatos de crianças: sua inexistência. Crimes como esse continuarão a se repetir porque os únicos que podem evitá-los, os seres reais, são falhos.

– 24 –

ANTAGONISMO ENTRE RELIGIÃO E CIÊNCIA

A oposição entre religião e ciência é evidente:
A religião é perfeita, a ciência, imperfeita;
A religião é completa, a ciência, dinâmica;
A religião é imutável, a ciência evolui;
A religião cria dogmas, a ciência, teorias;
A religião é verdade, a ciência, realidade;
A religião promete, a ciência realiza;
A religião tem servos, a ciência, cooperadores;
As religiões divergem, as ciências convergem;
O religioso acredita, o cientista duvida;
O religioso tem esperança, o cientista age;
O religioso crê em Deus, o cientista, no Homem;
O religioso segue líderes, o cientista, os fatos;
O religioso tem fé, o cientista, evidências;
O religioso crê sem investigar, o cientista investiga para crer;

Os religiosos têm muitos livros antagônicos como a Bíblia, o Corão e os Vedas; os cientistas, um único livro harmônico, a natureza;

A religião perseguiu e assassinou muitos cientistas, a ciência matou o único Deus.

Alexandre Koncce

– 25 –

SE NÃO HOUVESSE DEUS...

O Universo poderia existir. Um ser perfeito não teria necessidades e nada criaria por não precisar de complementos. Um Deus autossuficiente, ao contrário do que se diz, impossibilitaria a existência de qualquer outra coisa.

... o ser humano cometeria erros, pois não procederia de um ser perfeito.

... mulheres e crianças seriam estupradas, mutiladas e mortas sem haver quem as socorresse quando a ajuda humana falhasse.

... milhões de crianças inocentes seriam condenadas à fome, violência, miséria e doenças.

... haveria guerras entre os povos por não haver um criador de toda a raça humana que a mantivesse fraternalmente unida.

... seria criado um Deus cuja farsa ficaria evidente porque não se comunicaria pessoalmente, mas precisaria de livros, profetas e pregadores, pois seria incapaz de apresentar-se a si mesmo.

... existiriam manipuladores da fé popular agindo livremente, adquirindo poder e riqueza em nome de um falso Deus que, por não existir, nada faria para manter seu nome honrado.

... haveria líderes teocráticos ordenando guerras, assassinatos e genocídios em nome de um falso Deus justo e bom.

... a justiça e a salvação divinas seriam promessas para um futuro distante e incerto.

... haveria centenas de livros sagrados, milhares de religiões e muitos deuses, pois não existiria um ser capaz de guiar todos à verdade.

152

NOTAS E REFERÊNCIAS

1.1 https://pt.wiktionary.org/wiki/res

5.1 https://www.bbc.com/portuguese/ciencia/2009/07/090706_
Bibliaonlineml; https://pt.wikipedia.org/wiki/Codex_Sinaiticus

5.2 https://pt.wikipedia.org/wiki/Diocleciano,
https://pt.wikipedia.org/wiki/Persegui%C3%A7%C3%A3o_de_Di
ocleciano

5.3 https://super.abril.com.br/historia/a-infancia-oculta-de-jesus/

5.4 https://www.respondi.com.br/2013/12/qual-versao-correta-de-
apocalipse-2214.html

5.5 https://pt.wikipedia.org/wiki/Codex_Sinaiticus#Texto_
do_c%C3%B3dice

6.1 http://www.ebc.com.br/cultura/2012/12/conheca-previsoes-do-
fim-do-mundo-que-nao-deram-certo

7.1 https://pt.wikipedia.org/wiki/Escul%C3%A1pio

8.1 https://en.wikipedia.org/wiki/Flat_Earth;
https://en.wikipedia.org/wiki/Spherical_Earth

9.1 https://pt.wikipedia.org/wiki/Codex_Sinaiticus#Texto_
do_c%C3%B3dice

11.1 https://super.abril.com.br/historia/qual-e-a-origem-do-dizimo

12.1 Hartman e Di Lella - The Book of Daniel (1978)

12.2 Dionísio Oliveira Soares - O livro de Daniel: Aspectos sócio-
históricos de sua composição - Maxwell - PUC-Rio (2008)

12.3 Who Were the Early Israelites? (2003, William G. Dever) e
The Bible Unearthed (2001, Neil A. Silberman e Israel
Finkelstein).

15.1 https://pt.wikipedia.org/wiki/Exoplaneta

15.2 https://veja.abril.com.br/ciencia/uma-galaxia-com-40-bilhoes-
de-terras/

16.1 https://www.bbc.com/portuguese/geral-40871498

18.1 VASCONCELOS, V.V. MARTINS JUNIOR, P.P. A

Teleologia e o Estudo das Ciências da Natureza – Contribuições da Filosofia. AMBIENTE & EDUCAÇÃO: revista de educação ambiental. Vol. 16(1), 2011".

18.2 http://nitro.biosci.arizona.edu/courses/EEB105/lectures/extinction/extinction.html, https://en.wikipedia.org/wiki/Extinction

21.1 Larson e Witham, revista Nature, nº 394 (1998); Richard Dawkins, livro Deus um delírio (2007).

21.2 Pesquisa sobre descrença em deuses nos países citados tem como fonte a Wikipédia.